JN240306

乾岔子島事件史

――一九三七年の日ソ紛争――

笠原　孝太

錦正社

目次

図版目次

凡　例

（一）乾岔子島には、「カンチャズ島」や「カンチャヅ島」などの表記や読み方があるが、本書では表記を「乾岔子島」とし、読み方は「カンチャーズ島」とする。
　ただし史料名や引用による表記の場合は、出典の表記に従う。

（二）金阿穆河島には、「チンアムホ島」や「チンアムカ島」などの表記や読み方があるが、本書では表記を「金阿穆河島」とし、読み方を「チンアムホウ島」とする。

（三）乾岔子島、金阿穆河島及びその周辺の「島」は、黒龍江（アムール川）上の島状の陸地（中州）であるが、史料・文献に従って本書では必要に応じてこれらの中州を「島」や「島嶼」と表記する。

（四）ソ連の地名について。
　乾岔子島事件は一九三七年の出来事であり、当時はさらに過去の資料を用いて事件の記録を残している。当時は現代ほど外国の地名を正確に日本語表記することが徹底されていなかったこともあり、地名の一部には同一地でありながら史料・文献によってカタカナ表記が異なっていることがある。また一部ではロシア語を正確にカタカナ表記していないものもある（これらは時代背景からやむを得ないことである）。

　こうした中で同一地を各引用文献に従って別名で表記したり、新たに地名をカタカナ表記し直したりすると混乱を招くため、本書ではソ連の地名のカタカナ表記を次のように定めた。

（ア）本書に登場する重要度または頻度が高い地名で、日本の一次史料や文献の中で、既に一般的な呼称があるものはそれを踏襲した。
　（例）「ポヤルコワ（Поярково）」は、一部で「ポヤルコフ」と表記されることもある。また「ポヤルコヴォ」と表記した方がカタカナ表記としてはより正確であるが、日本の史料・文献では一般に「ポヤルコワ」と表記されているため、本書でも「ポヤルコワ」と表記した。

（イ）本書に登場する重要度または頻度が高い地名で、日本の一次史料や文献で表記が定まっていない左記の二つの地名は、それぞれ表記を統一した。ただし、地図や文献上の表記を個別に指摘する場合などは、その限りではない。

- 「コンスタンチノフスカヤ」「コンスタンチノフカ」「コンスタンチノフスキー」は、「コンスタンチノフスキー」に統一。
- 「ノヴォペトロフカ」「ノヴォペトロフスキー」は、「ノヴォペトロフスキー」に統一。

（ウ）本書に登場する重要度または頻度が低い地名は、引用文献に基づいて表記した。

（五）乾岔子島事件にはソ連の労農赤軍と国境警備隊、アムール小艦隊が登場する。史料・文献により主体が明確な場合は、これらを分けて表記した。ただし、これらを区別せずにソ連の軍事組織全般を示す場合は、総称として「ソ連軍」という言葉を使用した。また、同様にソ連の軍事組織の構成員を総称的に示す場合は、「ソ連兵」という言葉を使用した。

※日本の一次史料でも、これら三つの組織を明確に識別せずに、総称的に「ソ連軍」や「ソ軍」などの表記を使用していることがあるため、主体の判別が困難な部分がある。

（六）日本の史料・文献からの引用では、旧字体は原則として新字体に改めた。なお、異字体については、筆者の判断でそのまま残したものもある。

（七）日本の軍人の階級は、当時のものである。

（八）日本の一次史料から文章を直接引用する際に、一部難解なものや長文になるものは筆者が現代語に改めて地名などを統一した上で表記した（筆者が添削した場合は、註としてその旨を明記した）。

（九）防衛省防衛研究所戦史研究センター所蔵の史料については、読者のアクセスを簡便にするために、簿冊等に書かれている史料名ではなく、「公開史料目録」の名称を表記した。

（十）その他、個別の注意事項がある場合は、註として記した。

乾岔子島事件史——一九三七年の日ソ紛争——

序章

乾岔子（カンチャーズ）島事件は、一九三七年六月十九日に満洲国とソ連の国境付近で勃発した紛争で、張鼓峰事件（一九三八年）やノモンハン事件（一九三九年）よりも前に起きた最初の対ソ大規模国境紛争であった。

しかしながら、これまで張鼓峰事件やノモンハン事件に注目した研究が多数発表されて来た一方で、乾岔子島事件に注目した研究は少なく、部分的な論考を除いて全体的な研究は停滞していた。したがって、乾岔子島事件は、その概要すら一般にあまり知られていない紛争といえる。

こうした状況を鑑みて、本書で乾岔子島事件の全体像を検討するにあたり、まず本章で乾岔子島事件の概要を整理し、各章で取り組むべき課題を明確にしておきたい。

一　事件の概要

乾岔子島事件は、満洲国とソ連の国境となっていた黒龍江（アムール川）の沿岸都市、黒河（こくが）（満洲国）とブラゴヴェシチェンスク（ソ連）の下流に浮かぶ乾岔子島と金阿穆河島を舞台に勃発した満ソ国境紛争であり、[1] ロシアではこの都市の名前をとってブラゴヴェシチェンスク事件（Благовещенский инцидент）という名称で知られている。[2] この紛争は満ソ国境紛争ではあったが、他の大規模国境紛争と同様に実態は日ソ紛争であった。

当時、黒龍江の航路は上下航とも乾岔子島及び金阿穆河島の北側を通っていたため、満洲国及び日本は両島を満洲国の領土と認識していた[3]（図1参照）。

一九三七年六月十九日午前四時、乾岔子島に約二〇名のソ連国境警備兵が上陸して、同島に設置されていた航路標識第168号を打ち倒した上、満洲国の職員であった航路標識点火夫の宿舎に侵入し、航路標識点火夫と所在の採金苦力（いずれも「満洲国人」）。以下、採金夫）に退去を命じた。さらに同日午前十一時頃、乾岔子島の上流に位置する金阿穆河島にもソ連国境警備兵が上陸し、同じく所在の採金夫に退去を命じて両島を占領した。[4]

関東軍（司令官・植田謙吉大将）は、六月二十二日東條英機参謀長（中将）電により一連の事態について中央に報告するとともに、第一師団に対して有力な一部を現地に派遣するよう命じた。また満洲国外交部を通じ、哈爾浜駐在のソ連総領事に対して申し入れの措置を取った。[5]

しかし六月二十三日には、ソ連の艦艇及び警備船十数隻がブラゴヴェシチェンスク方面から下航して、金阿穆河島北側のコンスタンチノフスキー水路を封鎖するなど、緊張緩和には至らなかった。[6]

六月二十四日、参謀本部は今井清次長（中将）電をもって東條参謀長に宛てて「満洲領たることが明らかな領土が、ソ軍によって不法に占拠されることは、将来に及ぼす影響が重大と思われるので、今後とも適宜の処置によって旧態の保持に努められたし」と指示し、強い態度に出ることを要求した。[7]

一方で日本政府は外交交渉による平和的解決も試みており、六月二十八日にモスクワの重光葵大使が、日本政府か

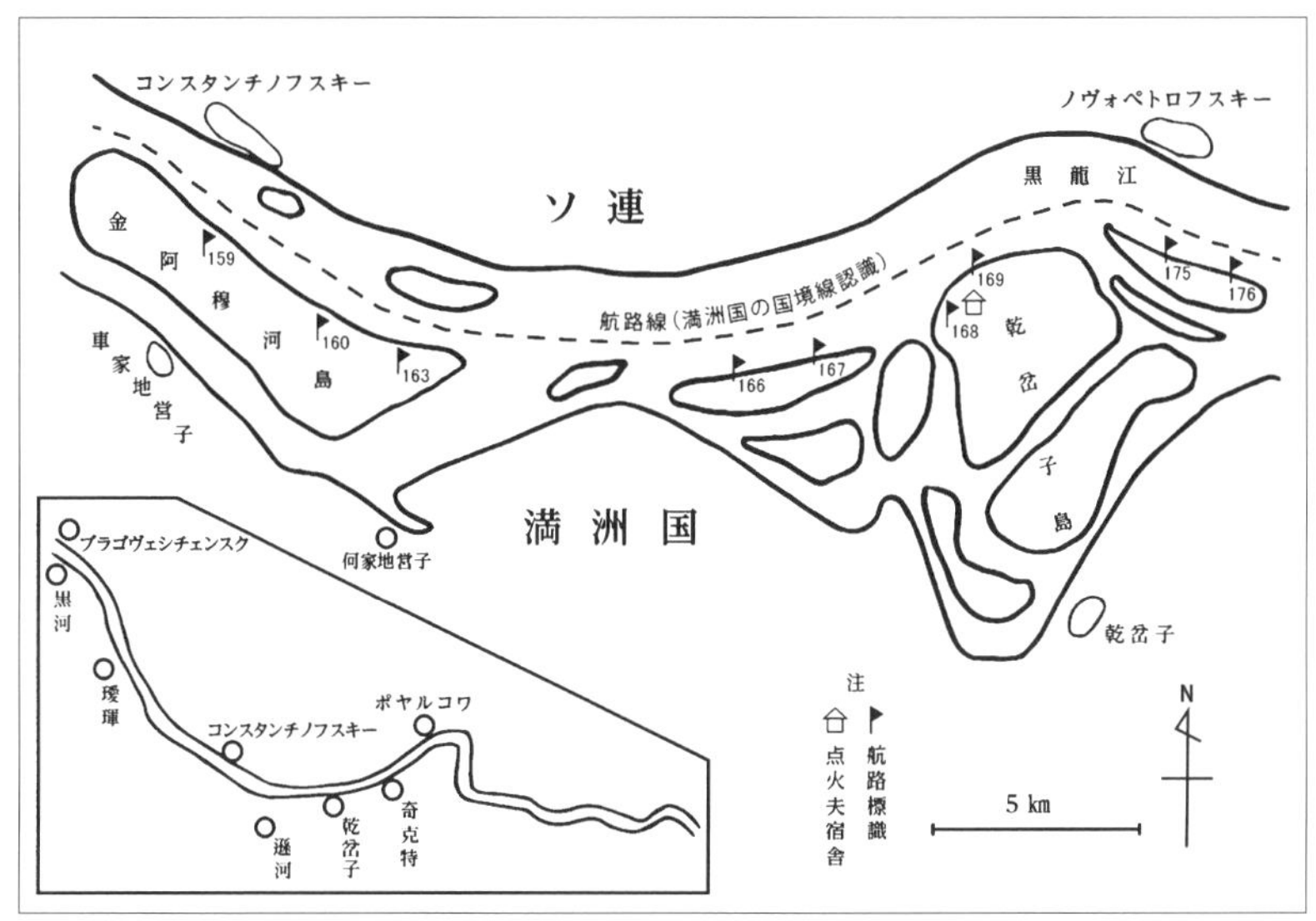

図１　乾岔子島・金阿穆河島周辺及び満洲国の国境認識要図

出典：外務省情報部「乾岔子島事件と満蘇国境問題」（『週報』第 39 号、1937 年）19 頁及び「満洲十万分一図西三行北九段奇克十七号」（MC-011-17a［0264］）〔中国地図資料研究会編『中国大陸十万分の一地図集成 i（満州 i）D』（科学書院、2003 年、国立国会図書館所蔵、書誌 ID: 000004373366）〕を基に筆者作成。

※「車家地営子」は、出典の外務省情報部「乾岔子島事件と満蘇国境問題」では「東家地営子」と表記されているが、「満洲十万分一図西三行北九段奇克二十二号」（MC-011-22a［0273］）〔中国地図資料研究会編『中国大陸十万分の一地図集成 i（満州 i）D』〕を確認の上修正した。

らの訓令によりボリス・ストモニャコフ（Б. С. Стомоняков）外務人民委員代理と会見し、目下の事態に対する強い関心の表明とソ連側の不法行為の是正を申し入れた(8)。

六月二十九日から重光大使がマクシム・リトヴィノフ（М. М. Литвинов）外務人民委員と交渉を行うと、リトヴィノフは、ソ連側は両島からの撤収と付近に集結している艦艇の引き揚げによる原状回復に異議はなく、日本側においても緊張の緩和に資する行動を取るよう提議して来た(9)。これにより平和的な事態収束の道筋がついたかに思われた。

しかし六月三十日、撤収を約束したはずのソ連の砲艇三隻が、両島の南側水道に侵入し、遡行しながら満洲国沿岸で警戒中だった日本軍部隊に対して射撃を行った。これに日本軍の第一線部隊が応戦した結果、砲火によりソ連砲艇一隻を撃沈、二隻を遁走させた。現地は高い緊張に包まれたものの、その後は日ソ双方の現地部隊が自制したため、事件はそれ以上拡大しなかった[10]。

この夜（七月一日午前〇時）、重光大使はストモニャコフ外務人民委員代理に対し、砲艇による不法射撃について厳重抗議を申し入れ、七月一日夕方にはリトヴィノフ外務人民委員に直接ソ連側が誠意ある措置を取るように要求した[11]。七月二日、重光・リトヴィノフの会見にて、リトヴィノフ外務人民委員が、ソ連側兵力並びに周辺に集結していた艦艇の撤収を約束した。その後順次ソ連側の兵力及び艦艇の撤収が開始され、ソ連側の撤収の完了をもって乾岔子島事件は落着した[12]。

以上が、主な先行研究と資料から成る乾岔子島事件の概要である。

二　検討課題と本書の構成

事件の概要を踏まえて、次の五つを本書の主要な課題として各章で検討する。

一つ目は、乾岔子島と黒龍江を中心とした、紛争地域の地誌と国境線認識の根拠である。同じ一九三〇年代の対ソ国境紛争である張鼓峰事件やノモンハン事件と比較して、乾岔子島事件が有する特殊性の一つは、河川上の紛争という地理的な要因である。したがって、紛争の基本的な理解のためにも、地誌及び関係する条約の検討が必要である。

一般的に乾岔子島事件は、満洲国とソ連が乾岔子島と金阿穆河島の領有権をめぐって対立した紛争だと思われているが、実はそうした見方は短絡的である。これらの島々は「島」とはいうものの、正確には黒龍江の中州であるため、中州の帰属そのものよりも、広い川幅を持つ黒龍江のどこに国境線が引かれていたのか、ということの方が本質的な問題である。当然、国境線の位置によって中州の帰属は変わるため、条約上の取り決めについて検討する必要がある。そこで、第一章では黒龍江の中州である乾岔子島と金阿穆河島を中心に、周辺の地誌を示した上で、黒龍江の国境線認識に齟齬が生まれた背景を露清間条約に遡って検討する。

二つ目は、乾岔子島事件の前史である。この紛争をより正確に理解するためには、紛争に至るまでの出来事も明らかにする必要がある。満洲国建国後、満ソ間には黒龍江を含む河川国境での航行と、水運の安全のためのルール作りが課題となっていた。そのため両国の代表委員による水路会議を重ねた結果、一九三四年九月に「満ソ水路協定」が成立した。しかしながら、この協定が河川国境の問題を解決することはなく、協定の解釈をめぐって別の対立を生むことになった。「満ソ水路協定」をめぐる両者の主張は平行線を辿り、ついに一九三七年四月にソ連側委員は協定の破棄を一方的に通告した。そして国際河川をめぐる満ソ間関係が悪化したわずか一カ月半後、乾岔子島事件は勃発した。そのため第二章では、「満ソ水路協定」の締結過程から破棄までを事件の前史として検討課題にする。

三つ目は、乾岔子島事件の勃発から終結までの詳細な経緯である。先行研究からも事件の概要を把握することはできるが、関東軍司令部、第一線部隊、参謀本部の動きを時系列で詳らかにする作業は、未だに手つかずの状態になっている。そこで第三章では、ソ連国境警備兵の乾岔子島への上陸から、ソ連側の兵力・艦艇の撤収及び関東軍の出動部隊の撤収までを日本の一次史料を中心に明らかにする。

四つ目は、乾岔子島事件を解決に導いたモスクワでの外交交渉である。事件の概要に示したように、一九三七年七月二日の外交交渉において、リトヴィノフ外務人民委員はソ連側の兵力及び艦艇を一方的に引き揚げることを約束した。そして、この約束が果たされたことによって、日ソ両国は本格的な武力衝突を回避することができた。ただし、ソ連の立場からみると占領した二島を放棄する行為であり、撤収の意味するところが不明である。第四章では、交渉の経緯を日本の一次史料で明らかにしながら、ソ連が譲歩した理由を、ソ連政府機関紙『イズベスチヤ（Известия）』に掲載された事件への論評を手掛かりに考察する。

五つ目は、ノモンハン事件への影響である。これまでノモンハン事件に大きな影響を与えた国境紛争は、前年の張鼓峰事件とみられて来た。しかし張鼓峰事件は関東軍ではなく朝鮮軍が対ソ戦を担当したため、そもそも関東軍が対ソ戦を戦ったノモンハン事件とどれほどの関係性があったのか疑問である。事実、張鼓峰事件は「ノモンハン事件の前哨戦」[13]という抽象的な評価に留まり、具体的な影響はほとんど解明されていない。ノモンハン事件との時間的近接性ではなく質的類似性に注目するならば、むしろ関東軍が担当した乾岔子島事件の方が、考察対象として適していると考えられる。これまで乾岔子島事件の研究が停滞していたために、その接点を見出すことは困難であったが、第五章では第四章までの研究を基礎にして、乾岔子島事件がノモンハン事件に与えた影響について考察する。

終章では、全体的な事件史の考察を踏まえた上で、本論部分では扱いきれなかった課題に一考を加える。そして本書のまとめとして、乾岔子島事件を評価する。

本書は、乾岔子島事件研究の停滞を打破するために、日本側の史料・文献を駆使して、これらの課題に取り組み、日本の「乾岔子島事件史」の確立を試みるものである。

なお、本書は筆者がこれまで発表した次の論文を加筆修正し、書下ろしも含め組み直したものである。

・笠原孝太「乾岔子島事件に関わる条約及び協定の考察と事件の位置づけの検討」（『日本法学』第八十七巻第二号、二〇二一年）五七—八四頁。
・笠原孝太「乾岔子島事件の背景と関東軍の初期対応——ソ連砲艇撃沈までを中心に——」（『国際関係研究』第42巻合併号、二〇二二年）九三—一〇二頁。
・笠原孝太「満ソ水路協定とポヤルコワ水道封鎖問題——乾岔子島事件の前史的研究——」（『国際関係学部研究年報』第43集、二〇二三年）一三一—一四頁。
・笠原孝太「乾岔子島事件の対ソ作戦とノモンハン事件への影響——日本側史料・文献から読み解く『満ソ国境紛争処理要綱』と『独断専行』——」（『軍事史学』第五十八巻第四号、二〇二三年）五五—七四頁。
・笠原孝太「乾岔子島事件における日ソ外交交渉の考察——ソ連の譲歩に関する新仮説——」（『国際関係研究』第43巻、二〇二三年）六五—七六頁。
・笠原孝太「乾岔子島事件の終結過程とその影響に関する一考察——ソ連砲艇撃沈後を中心に——」（『国際関係研究』第44巻、二〇二四年）五一—六〇頁。

論文の編集及び使用を許可してくださった各機関には、記して御礼申し上げる。

三　史料・文献

本書で使用した日本の主な史料・文献は、次のとおりである。

(一) 史　料

- 歩兵第一旅団司令部「歩兵第一旅団乾岔子事件　戦闘行動詳報　昭12．6．26～12．7．18」(防衛省防衛研究所戦史研究センター所蔵)。
- 第一復員局「乾岔子島事件の梗概　昭25．8調整」(防衛省防衛研究所戦史研究センター所蔵)。
- 「中山貞武少将随想日誌　乾岔子から蒙疆まで　昭和12年夏秋」(防衛省防衛研究所戦史研究センター所蔵)。
- 「林出賢次郎関係文書」(外務省外交史料館所蔵)。
- 歩兵第一聯隊速射砲中隊「歩兵第一聯隊速射砲中隊戦闘詳報　乾岔子事件(昭和十二年六月)察哈爾作戦(昭和十二年八月七日～十月四日)」(靖國神社靖國偕行文庫所蔵)。
- 「島田文書」(100．乾岔子事件関係電報綴)(東京大学社会科学研究所図書室所蔵)。
- 「島田文書」(101．乾岔子事件記事)(東京大学社会科学研究所図書室所蔵)。

- 「『カンチャーツ』事件関係綴」（大和ミュージアム〈呉市海事歴史科学館〉所蔵）。
- 「松本文庫（文書の部）」（東京都立大学図書館所蔵）。

（二）資　料

- 外務省欧亜局第一課編『日「ソ」交渉史』（巌南堂書店、一九四二年）。
- 外務省編『日本外交文書　昭和期Ⅲ　第一巻（昭和十二―十六年　外交政策・外交関係）』（白峰社、二〇一四年）。
- 大久保俊次郎「対露暗号解読に関する創始並びに戦訓等に関する資料1／2」（防衛省防衛研究所戦史研究センター所蔵）。
- 小原豊「満州における情報勤務（その二）六二、七、一五」（『傘寿翁交信録　その1〜その39』（靖國神社靖國偕行文庫所蔵）」。

（三）主要先行研究

- 防衛庁防衛研修所戦史室『戦史叢書27　関東軍〈1〉　対ソ戦備・ノモンハン事件』（朝雲新聞社、一九六九年）。
- 樋貝義治『戦記・甲府連隊――山梨・神奈川出身将兵の記録――』（サンケイ新聞甲府支局戦記・甲府連隊出版委員会、一九六四年）。
- 宮杉浩泰「昭和戦前期日本軍の対ソ情報活動」（『軍事史学』第四十九巻第一号、二〇一三年）九六―一一四頁。

- 松本和久「初期満ソ国境紛争の発生と展開（1935–1937）——国境委員会設置交渉から武力処理思想へ——」（『境界研究』No.8、二〇一八年）三三—五三頁。

(四) 稀　覯　本

- 歩一・「檜二会」編（編集責任者藤田馨）『激動の昭和に生きた我等の歩み』（歩一・「檜二会」、一九八〇年、非売品、昭和館所蔵）。
- 桝義廣『関東軍命令　国境線を死守すべし　陸軍歩兵第四十九聯隊の終焉：付録　忘れ難き我が青春の地　北満再訪の記』（一九九一年、非売品、山梨平和ミュージアム所蔵）。

(五) 記録・回顧録

- 一橋大学社会学部藤原研究室太平洋戦争史研究会編『林三郎氏談話記録』（一九七五年、一橋大学附属図書館所蔵）。
- 加藤馨「回顧録」（二〇〇六年、株式会社加藤馨経営研究所所蔵）。

(六) 地　図　資　料

- 中国地図資料研究会編「中国大陸十万分の一地図集成：i（満州：i）D」（科学書院、二〇〇三年、国立国会図書館所蔵、書誌 ID: 000004373366）。

- 大日本帝国陸地測量部「満洲五十万分一図西第三行北第九段（奇克特）」（昭和七年製版、国立国会図書館所蔵、書誌 ID: 000008270395）。
- 満鉄産業部「露文翻訳　ソ聯極東及外蒙調査資料別輯第七号　黒龍江誌附図（二十八葉）」（南満洲鉄道、調製年不明）。

※所蔵が表記されていない地図は、筆者が古書店をめぐって入手した個人所蔵の地図であり、一般にアクセスが困難な資料である。

（七）写　真　資　料

- 『大典観艦式記念　江防艦隊写真帖』（一九三五年、非売品、北海道大学附属図書館北方資料室所蔵）。
- 森口誠「黒龍江中流黒河・同江間写真帳(1)〜(2)」（一九四〇年、北海道大学附属図書館北方資料室所蔵）。
- 甲府聯隊写真集刊行委員会編『甲府聯隊写真集』（国書刊行会、一九七八年）。
- 東京歩兵第一聯隊写真集編纂委員会編『東京歩兵第一聯隊写真集』（国書刊行会、一九八一年）。
- 朝日新聞フォトアーカイブ（朝日新聞社）。
- 毎日新聞フォトバンク（毎日新聞社）。

（八）そ　の　他

アジア歴史資料センター（JACAR）の公開史料、参考文献等については、各章の註を参照されたい。

本書は独立行政法人日本学術振興会（JSPS）科学研究費助成事業（令和三年〜令和七年度、基盤研究C、JP21K01376）の助成を受けたものである。記して感謝申し上げる。

＊　＊　＊

註

（1）外務省情報部「乾岔子島事件と満蘇国境問題」（『週報』第三九号、一九三七年）一八頁。

（2）Черевко К. Е. Серп и молот против самурайского меча. Москва. 2003. С. 70. なお、同書では乾岔子島事件のロシア語名の別名として、「コンスタンチノフスキー諸島事件（Инцидент у Константиновских островов）」という名称も紹介されている。また、Сутормин В. Благовещенский (Амурский) инцидент 1937 года // Арсенал Коллекция. №1. 2015. С. 46. では、論文のタイトルに「アムール川事件（Амурский инцидент）」という名称も確認できる。

（3）防衛庁防衛研修所戦史室『戦史叢書27　関東軍〈1〉　対ソ戦備・ノモンハン事件』（朝雲新聞社、一九六九年）三三二頁（以下、『戦史叢書27　関東軍〈1〉』）。

（4）赤松祐之『昭和十二年の国際情勢』（日本国際協会、一九三八年）四三頁。外務省編『日本外交文書　昭和期Ⅲ　第一巻（昭和十二―十六年　外交政策・外交関係）』（白峰社、二〇一四年）三三九頁。

（5）『戦史叢書27　関東軍〈1〉』三三三頁。

（6）赤松『昭和十二年の国際情勢』四三頁。

（7）『戦史叢書27　関東軍〈1〉』三三三頁。

（8）外務省情報部「乾岔子島事件と満蘇国境問題」一八頁、二〇頁。

（9）「執務報告　昭和十二年度欧亜局第一課／１９３７年」JACAR（アジア歴史資料センター）Ref. B10070097500（第34画像目）、執務報告　昭和十二年度欧亜局第一課／１９３７年（欧亜－22）（外務省外交史料館）（以下、JACAR: B10070097500）。

（10）『戦史叢書27　関東軍〈1〉』三三五頁。JACAR: B10070097500（第34画像目）。

（11）中村敏『満ソ国境紛争史』（改造社、一九三九年）二四四―二四五頁。

（12）同右、二四六―二四八頁。

（13）『戦史叢書27　関東軍〈1〉』三三七頁。

第一章　乾岔子島と黒龍江

一　乾岔子島と金阿穆河島

(一)　地誌

乾岔子島の名前の由来は、満洲国側の江岸に位置する「乾岔子（カンチャーズ）」という名の集落である。(1)「乾岔子」とは満洲語で「陽上る所」という意味で、これが土語となり、いつの頃か乾岔子という集落が興った。乾岔子島事件が勃発した当時、乾岔子は黒龍省の中でも最小の奇克（きこく）県に属していた。(2)

一九三六年当時の数値では、奇克県は人口が六、〇〇〇人弱しかおらず、内訳としては漢人が四、五一〇人、満族が一、一四八人、日本人が三四人、無国籍（白系）が二一人という人口構成だった。奇克県の人々は、八割が農業に従事していた。(3)

一九三七年当時の乾岔子の人口は、七六九人（一六六戸）[4]で、耕種農業では大豆、小麦、大麦、トウモロコシ、燕麦（えんばく）、粟などを生産しており、その中でも小麦の生産が最も多く、主要生産物になっていた。[5] 畜産農業では、乾岔子全体で、家畜の馬が二四二頭、牛が七〇頭、豚が三五二頭、鶏が七七五羽、鴨が四四羽との記録があり、これらが人々の生活を支えていた。[6] また目の前を流れる黒龍江には、トゲウオ類やスズキ類、ナマズ類の他、鯉、鮭、マス、ウグイ、イワナ、ドジョウなど様々な魚が生息しており、[7] 乾岔子の人々は乾岔子島を漁業の根拠地として利用していた。[8]

乾岔子島のロシア語名は、一般的にセンヌハ島（остров Сеннуха）として知られているが、実はセンヌハ島という呼称は地方的なもので、通称である。ロシアでの乾岔子島の正式名称は、スィチョフスキー島（остров Сычёвский）である。[9] しかしながら、ロシアの資料や日本側の一次史料でも「センヌハ島」という呼称がロシア語名として広く使用されていることから、本書でもロシア側の呼称はセンヌハ島で統一することにする。

乾岔子島は、奇克特（チカト）の西方（黒龍江上流方面）約二〇㎞に位置する南北に約六㎞、東西に約八㎞の中州で、その中央部には支水流があり、これによって島は南北に二分されていた。[10] 一九二一年製版で、一九三七年に日本の陸地測量部が原版補修した当時の地図では、この支水流で隔てられた北部の島のみを「乾岔子島」[11]とし、南部の島を北套子（ペイタオツ）という別の島名で表記している（図2）。このように当時の日本の地図上では南北で別の島になっているが、乾岔子島事件を記録した日本軍の史料や外務省の資料では、南北の島を合わせて乾岔子島という一つの島として扱っているため、本書でも南北の島（図2上の乾岔子島と北套子）の総称として乾岔子島という呼称を用いる。

乾岔子島内に目を向けると、柳や葦だけでなく至る所に家畜の飼料に適する良質な羊草（ヤンソウ）[12]が生い茂っており、これらを目的として満洲国の住民が江岸から往来していた。さらに同島が古くから砂金の採取地にもなっていたため、満洲国の採金夫が居住していた。[13]

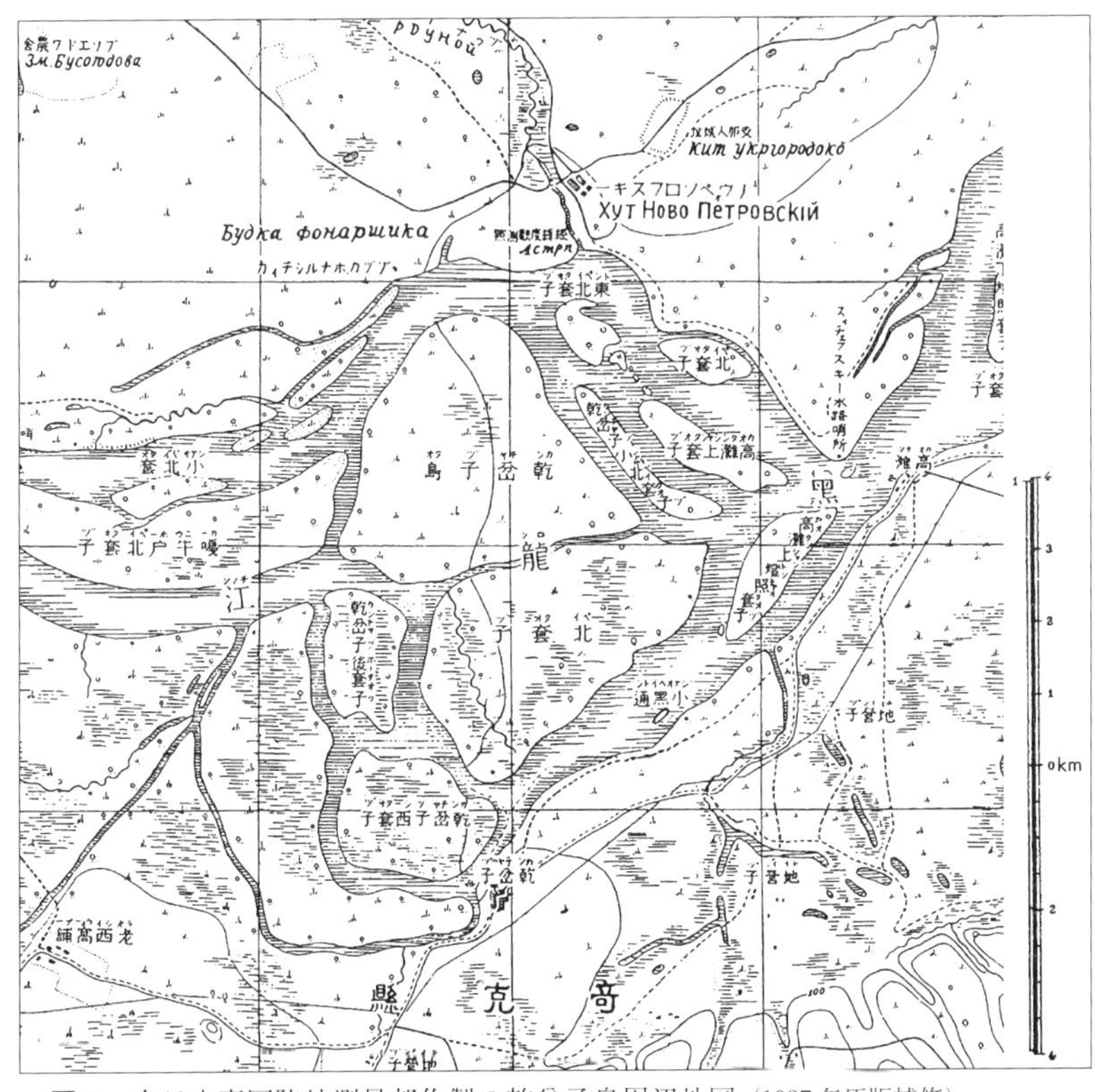

図２　大日本帝国陸地測量部作製の乾岔子島周辺地図（1937年原版補修）
出典：「満洲十万分一図西三行北九段奇克十七号」（MC- 011-17a［0264］）〔中国地図資料研究会編『中国大陸十万分の一地図集成 i（満州 i）D』（科学書院、2003年、国立国会図書館所蔵、書誌ID: 000004373366）〕。

乾岔子島に住んでいたのは、採金夫だけではなかった。乾岔子島には満洲国によって航路標識が設置されており、その管理を行うために満洲国航政局職員の航路標識点火夫が宿舎に常駐していた(14)。

金阿穆河島は、奇克特の西方約五〇kmに位置し、全長約一四km、幅約三kmの島である(15)。この島は、もともと「阿穆河島」という名称だったが、黒龍江の水流の影響で島の先端部に砂金が集まることから、地図などに目印として「金」の文字が書き込まれるようになり、次第に目印の「金」と島名の阿穆河島をくっつけて金阿穆河島と呼ばれるようになった[16]。

金阿穆河島は、黒龍江の江岸に位置する集落、何家地営（ホウチャテエンズ）子の近くにあったことから「何家地営子島」や「新江洲」という別名もあるが[17]、現在の日本の研究でこれらの名称を目にすることはほとんどない。

金阿穆河島のロシア語名はボリショイ島（остров Большой）である[18]。なお、先行研究の中には、島のロシア語名について、乾岔子島をボリショイ島と誤って紹介しているものもあるが、事件史を正しく理解するためにも両島のロシア語名については正確に把握する必要がある[19]。

図３　黒龍江上流付近での採金夫の採金作業の様子
出典：『満洲グラフ』（第４巻第11号、1936年）（出典元に頁なし）。

島名の由来からも分かるとおり、金阿穆河島にも満洲国の採金夫が居住していた[20]。また金阿穆河島も漁業の好適地であり、島内には羊草や柳が繁茂していた。そして、乾岔子島と金阿穆河島には、他の多くの島嶼と同じように、流木の採取拠点としての価値もあり、その資源を求めて古くから満洲国側の住民が島を利用していた[21]。

このように乾岔子島及び金阿穆河島は、黒龍江に浮かんでいた単なる無人島ではなく、満洲国の江岸地帯に住む人々の生活や収入を支える上で重要な土地であり、居住実態からみても満洲国が実効支配していた。

（二）乾岔子島と金阿穆河島の戦略的価値

乾岔子島と金阿穆河島は、黒龍江江岸地帯に住む満洲国の人々にとって、生活上重要な拠点になっていた一方で、日ソ紛争の視点からみるとこれらの島々は戦略的な価値も有していた。

このことは、乾岔子島事件の翌年（一九三八年）に勃発した張鼓峰事件を例にすると分かりやすい。張鼓峰事件は、満洲国とソ連が互いに帰属を主張していた山（張鼓峰）をめぐって勃発した事実上の日ソ紛争であった。張鼓峰事件では、満洲国及び日本とソ連の双方が、張鼓峰に戦略的価値を見出しており、単に山の帰属や国境線問題に起因した紛争ではなく、戦略上の要衝をめぐる武力紛争だったことが明らかになっている[22]。

こうした張鼓峰事件の研究成果を考慮すると、乾岔子島事件においても乾岔子島と金阿穆河島には、戦略上の価値があったと考えられる。そこで、満洲国の防衛を担っていた日本とソ連の双方の立場から、両島の戦略的価値を検討する。

日本は、ソ連が乾岔子島及び金阿穆河島を占領した場合、有事の際にそこから労農赤軍（以下、赤軍）が満洲国に侵入して、霍爾莫津（ホルモジン）と奇克特の間を遮断し、孫呉（そんご）方面に侵攻して来ることを懸念していた。また黒河と瑷琿の二大都市を目標に進軍して来ることも予想していた[23]（図4参照）。したがって、満洲国の防衛を担っていた日本にとって、赤軍の渡河作戦の足場になり得る両島が、満洲国に帰属していることは戦略上重要であった。

他にも日本は、当時ソ連が沿海州に強大な航空基地群を保有していたことから、万が一日ソ開戦となった場合、赤色空軍が直ちに日本内地への爆撃を敢行することを予想していた。当然、日本としてはこの企図を阻止しなければな

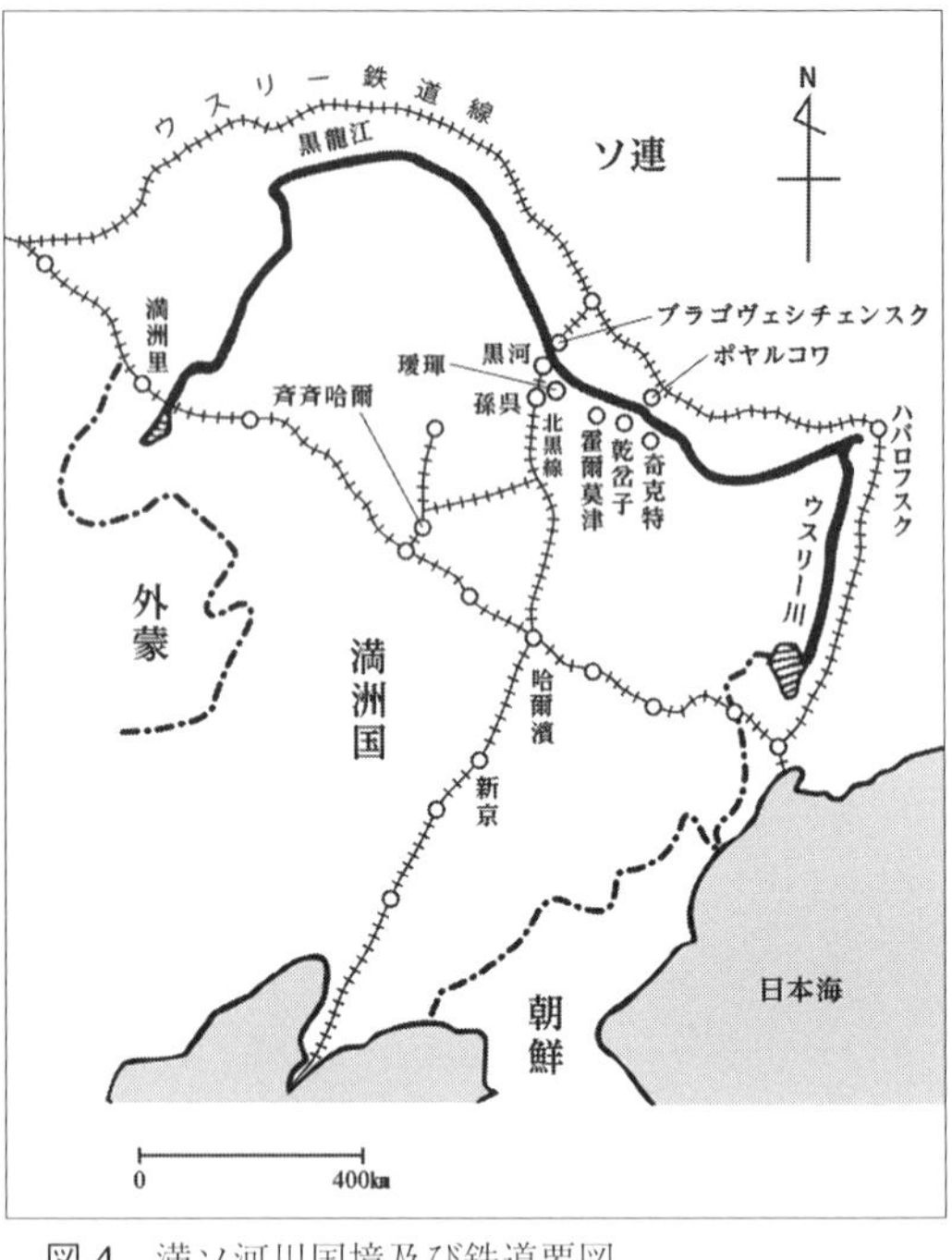

図４　満ソ河川国境及び鉄道要図

出典：防衛庁防衛研修所戦史室『戦史叢書 27 関東軍〈1〉 対ソ戦備・ノモンハン事件』（朝雲新聞社、1969 年）挿図第七（67 頁）及び挿図第四十二（330 頁）を基に筆者作成。

らず、そのためには関東軍の主力を逸早く沿海州方面に進出させる必要があった。ただしそれは満洲国の北部国境方面では、残された最小限の兵力で赤軍の侵入を阻止しなければならなくなることを意味していた。その場合は当然、満洲国側の国境要塞だけではこの侵攻を阻止できないため、関東軍は北満防衛のために残余の部隊を渡河させて、赤軍の左側背に迫る必要性を認識していた。そして関東軍の渡河作戦において、不可欠な役割を担うことが期待されていたのが乾岔子島であった[24]。したがって、乾岔子島は北満防衛の観点からみて戦略上重要な島であった。

日本側が渡河作戦における戦略的価値を見出していたのと同様に、ソ連側も乾岔子島に対して戦略上の価値を見出していた。ソ連の懸念は、日本軍の渡河によるブラゴヴェシチェンスクの占領とシベリア鉄道の遮断であった。

当時のブラゴヴェシチェンスクは、人口約六万人の都市であり、周辺の国境地帯における赤軍の根拠地にもなっていた[25]。同市の防衛のためソ連は、満洲事変後の一九三二年春からブラゴヴェシチェンスク周辺のトーチカ工事に着手した。一九三三年九月には主要トーチカ陣地帯を概ね完成させていたが、その後も後方陣地を設けるとともに、既設の拠点に対しても鋭意補強策を講じていた[26]。

ソ連がブラゴヴェシチェンスクの防御を固めていた理由は、そこが大きな都市だったからだけではなく、シベリア鉄道のアキレス腱になっていたからである。当時からソ連の用兵の根幹は鉄道だったため、鉄道と国境が接近する箇所は、おのずと要衝になっていた。ソ連ではシベリア鉄道が東西を横一線に走っている一方で、満洲国の鉄道は南北を縦に走る線が多かった[27]。このためソ連は、鉄道による日本軍の国境地帯への兵力集中と、黒龍江渡河によるシベリア鉄道遮断の可能性に大きな懸念を抱いていた。中でも満洲国の北黒線は黒河まで伸びており、黒河は黒龍江の川幅わずか五〇〇mほどを隔ててブラゴヴェシチェンスクと相対していた（図5参照）[28]。

ブラゴヴェシチェンスクにはウスリー鉄道の支線が伸びていることから、同市が日本軍に制圧されれば、そこから一気にシベリア鉄道が遮断されることが予想された（図4参照）。乾岔子島が黒龍江の渡河に重要な役割を果たす以上、ソ連としてもそこに戦略的な価値を見出していたといえる。

このように乾岔子島はただの島ではなく、日本とソ連がともに戦略上の価値を見出していた要衝であった。

図5　黒河からみたブラゴヴェシチェンスク（1937年撮影）
黒龍江を隔てて数百 m の距離だった。
提供：毎日新聞社。

二　河川国境としての黒龍江

（一）　璦琿条約と北京条約

乾岔子島事件は、乾岔子島と金阿穆河島をめぐる国境紛争だったため、両島の帰属は重要な検討課題である。それはすなわち、国境線が黒龍江のどこを通っていたのかという国境線認識の問題である。この問題を理解するために関係する二つの条約を考察する。

かつてこの地域の問題の当事者であった、帝政ロシアと清（後にソ連と中華民国）との間で、国境画定に関して結ばれた条約の数は、一六八九年九月七日のネルチンスク条約から、一九二九年十二月二十二日のハバロフスク議定書までの間に三〇を超える。その内、後の満洲国とソ連の国境に関係がある条約は一五であった。[29] それらの中でも一八五八年の璦琿条約は、黒龍江の全域に「河川国境」という役割を与えた基礎的な条約として重要である。璦琿条約は、次のとおりである。

璦琿条約（一八五八年）

一、アルグン河より松花江〔しょうかこう〕海口に至る黒龍江松花江の左岸を露国所属の地と為し、其の江流に順うて烏蘇里〔ウスリー〕河に至る有らゆる地は両国間に明定せられたる境界に連接せる間曠地と同じきを以て、両国の共管地と為す。黒龍江松花江烏蘇里河は此後只中露両国船舶の航行を許し其の他外国船舶の此江河を航行することを許さず。黒龍江左岸精奇里〔ゼヤ〕河より以南豁爾莫勒津〔ホルモルジン〕屯に至る間に於ける原住の満洲人等は従来の如く各々其居住せる屯中に永遠に居住することを許し仍〔な〕お満洲国大臣官員をして管理せしめ露国人等は彼等と相和好し侵犯することを得ず

一、両国所属の人は相互に平和的態度をとり烏蘇里黒龍江松花江沿岸に居住する両国所属の人に対して一様に交易を為さしめ官員等は両岸に於いて彼此両国の貿易に従事する者に対し保護取締を為す

一、露国州総督ムラビヨフと中国鎮守黒龍江等処将軍奕山〔えきさん〕との間に会同議定せる条項は永遠に遵行し変更するを得ざる旨露国州総督ムラビヨフは露西亜文字満洲文字に清書し自ら之に署名し中国将軍宗室奕山に交付し並びに中国将軍宗室奕山は満洲文字蒙古文字に清書し自ら之に署名し露国州総督ムラビヨフに交付し又此の文に依りて清書し両国境界上の人等に暁諭〔ぎょうゆ〕すべきものとす[30]（傍線及び〔　〕：引用者）

右の璦琿条約の要点をまとめると、次のようになる。

（一）　アルグン川から黒龍江の河口に至るまでの左岸の土地はロシア帝国に属する（すなわち右岸の土地は、ウスリー川に至るまでは清に属する）。

（二）　ウスリー川と海との間に存在する地域（現在の沿海州南側）は、両国の国境確定をみるまで、両国の共有の地とする。

（三）黒龍江、松花江、ウスリー川での両国の航行を認め、第三国の航行は禁止する。

（四）ゼヤ川から南方ホルモルジン屯に至る黒龍江左岸、いわゆる江東六十四屯地方に居住する満洲住民は、満洲政府統治のもとに永久にその旧居を保持する。[31]

こうして、かつてネルチンスク条約第一条及び第二条第一項において、露清の西部国境をアルグン川、北部国境をスタノヴォイ山脈（外興安嶺）からオホーツク海ウダ湾ほとりとした取り決めが変更され、アルグン川と黒龍江をもって露清を隔てることになった。[32]

しかしながら、清に瑷琿条約を批准する気配が一向になかったため、北京駐箚ロシア公使ニコライ・イグナチエフ（Н. П. Игнатьев）は、清に対して条約批准の説得を試みた。[33]

この試みはすぐには成功しなかったが、アロー戦争（一八五六～一八六〇年）で英仏軍が北京に侵攻した際に、逃れようとする恭親王（愛新覚羅奕訢）をイグナチエフが引き止め、英仏との間を斡旋して恩を売ったことにより、ついに瑷琿条約を確認させるとともに、新たに北京条約の締結にも成功した。[34] その北京条約で重要とされる第一条は、次のとおりである。

図６　江東六十四屯周辺要図
出典：増田忠雄『東亜新書　満洲国境問題』（中央公論社、1941年）84－85頁を基に筆者作成。

北京条約（一八六〇年）

第一条　一千八百五十八年五月十六日即ち咸豊〔かんぽう〕八年四月二十一日璦琿城に於いて締結せる和約の第一条を詳明する為め同年六月一日即ち五月三日天津地方に於いて締結せる和約の第九条を遵照し左の如く議定す

此の後両国の東部国境は什勒喀〔シルカ〕、額爾古訥〔アルグン〕両河の会流する処より即ち黒龍江に順いて下行し該江の烏蘇里河と会する処に至る其の北辺の地は露国に属し其の南辺の地の烏蘇里河口に至る迄の有らゆる地方は中国に属し烏蘇里河口より南に上がり興凱〔こうがい〕湖に至る間は烏蘇里及松阿察〔ワンガチャ〕二河を以て両国の境界と為し其の二河の東辺の地は露国に属し二河の西辺の地は中国に属し松阿察河の源より両国の境界は興凱湖を踰〔こ〕えて直に白稜河に至り白稜河口より山嶺に順いて瑚布図河口に至り更に瑚布図河口より琿春河と海との中間の嶺に順い図們江口に至る其の東は皆露国に属し其の西は皆中国に属し両国の境界は図們江に接する処に於いて該江口より相距〔あいさ〕ること二十支里に過ぎず尚天津和約第九条に拠り地図を作成し図内に赤色を以て境界を分かち其の上に露国の阿巴瓦噶達耶熱皆伊亦喀拉瑪那倭怕啦薩土烏（阿から順番に旧ロシア語アルファベットА, Б, В, Г, Д, Е, Ж, З, И, І, К, Л, М, Н, О, П, Р, С, Т, Уの意：引用者註）等の字母を書し以て詳閲に便易ならしめ其の地図上には必ず両国の大臣署名捺印して証と為すことを要す

以上は空曠の地に就きて言えるものにして若し中国人の居住せる処及中国人の占むる漁猟の地は均しく之を占むることを得ず尚従来の如く中国人の漁猟を許可すべし、国境標を建てたる後は永く更改せず並びに附近及他処の地を侵占せざるべきものとす[35]（傍線及び〔　〕：引用者）。

右の北京条約第一条の要点をまとめると、次のようになる。

（一）露清両国の東方における国境線は、シルカ川とアルグン川の合流点を起点として黒龍江に沿い、黒龍江とウスリー川との合流点に至るものとし、黒龍江北岸はロシア領、南岸はウスリー川との合流点まで清領とする。

（二）ウスリー川の合流点から興凱湖に至るまでは、ウスリー川及びソンガチャ川をもって境界となし、その東岸をロシア領、その西岸を清領とする。さらに両国の境界はソンガチャ川の源から興凱湖を横切り、ベレンホウ川に至り、山脈に従って豆満江口に至る線をもって画し、その線の東方はロシア、西方は清に属する。

（三）以上は空漠の地についていえるものであり、清国人（満洲人）が既に居住している地並びに、彼らが占有して漁猟に従事している地は、いずれもロシアが占有せずに引き続き活動が許可される。[36]

黒龍江を隔てて露清を分かつ点は変わっていないが、この北京条約第一条で興味深い点は、その後段に「以上は空曠の地に就きて言えるものにして」という条件が加えられていることである。この文言をそのまま解釈すれば、黒龍江の北側及びウスリー川、ソンガチャ川から豆満江までの東部国境以東をロシア領とすることは、「空曠の地」に限定されており〝空曠でない地〟は対象外になる。

この〝空曠〟が、文字どおり広々としているという地理的な意味であるのか、それとも集落の有無など別の意味を含む文言なのか判然としないが、清の立場としては黒龍江の北側すべてが無条件でロシア領とはいえないことになる。

しかしながら、この極めて重要な語辞が、北京条約の露文では欠如していることが指摘されている。[37] ロシア語による条文の該当箇所は、次のとおりである。

Если бы в вышеозначенных местах оказались поселения Китайских подданных, то Русское Правительство обязуется оставить их на тех же местах, и дозволить по прежнему заниматься рыбными и звериными промыслами.

（筆者試訳：もし前述の場所に中国国民の定住地があれば、ロシア政府は彼らをその場に残し、従来どおり漁猟に従事することを許可する義務を負う。[38]）

露文でも既に清国人が居住している地や漁猟に従事している地については、その場に留まることを認めているが、漢文にはあった「以上は空曠の地に就きて言えるもの」という文言がないため、条文全体にかかっていた限定が解除されている。また、清国人に「従来どおり漁猟に従事することを許可する」の主語が、ロシア政府（Русское Правительство）になっている点も重要である。漢文では主語が書かれていないため、条約締結時に両国が合意して対等の立場で許可していると読み取ることができるが、露文のように許可する主体がロシア政府であれば、たとえそこで「中国国民」すなわち清国の住民が生活していたとしても、そこはロシアの主権下であることを意味する。[39]

このように北京条約は漢文と露文で相違点が存在するため、この条文によって領土を確認しようとすると、領土認識に不一致が起こる可能性があった。ただし、条約というものはたとえ結果的に不具合があったとしても、基本的には問題を発生させるために結ばれるものではない。北京条約においても条文を補う資料として、条約の附属地図の作成が文言に盛り込まれている。

しかし、この附属地図の署名調印をめぐって露清の対立があった。イグナチエフは条約の署名調印前のある日、自身が署名したロシア側の地図（東西両界全図）を恭親王に手交し、それに署名調印することを求めた。東西両界全図は相当詳細な地図ではあったが、恭親王はロシア側の地図だけによって分境の証拠とすることはできないと主張し、清側の地図も使用してロシアと共同踏査を行い、境界が明確になった後に双方が署名調印することを繰り返し提案し、イグナチエフもこれを承諾した。

一八六一年四月、露清両国の国境委員がウスリー川から豆満江までの実地踏査を行った。その後両国委員は踏査結果に意見の一致をみたため、同年五月にロシアと清は新たに興凱湖界約を締結することになった。しかし、興凱湖界約締結の際、ロシア側代表の主張により清側代表が持参した地図が用いられないという問題が発生した。こうした事態から、清側はこのままでは北京条約の「以上は空曠の地に就きて言えるもの」という、清にとって重要な文言の存在すらロシア側に虚説扱いされかねないと憂慮し、それまで拒否して来た北京条約附属地図としての東西両界全図への署名調印を決断した。(40) こうした理由から、北京条約は締結が一八六〇年、その附属地図の署名調印は一八六一年と年のずれが生じた。

東西両界全図には黒龍江の北をロシア、南を清とすることを地図に表すために黒龍江に赤線が引かれていた。しかし、この赤線は黒龍江上の主要な中州の大部分をロシア領に取り込むように引かれており、やはりロシア側に有利な地図であった。(41) そしてこの地図(42)が、後の乾岔子島事件をめぐるモスクワでの外交交渉で、ソ連側が乾岔子島と金阿穆河島を自国領と主張する根拠になるのである。

(二)　黒瞎子島(コクカツズ)にみる現状変更の例

瑷琿条約と北京条約によって、黒龍江が露清国境となり、河川をもって領土を隔てることが決定したことは間違いない。しかしながら、条文では国境線が河川のどこを通るのかが不明確だったため、黒龍江を含む総延長約三、〇〇

○kmの河川国境に浮かぶ、約一、三〇〇もの中州の帰属問題が発生した[43]。そして、力が衰えていく清をみて、帝政ロシアが取った行動は力による現状変更であった。その代表例が、黒龍江下流でウスリー川との合流地点にある黒瞎子島（ロシア語名：カザケウイッチ島）の占領である（図7参照）。

この中州は日本の対馬ほどもある広大な面積を有する上に、ハバロフスクの眼前に位置しており、帝政ロシアにとっては戦略上極めて重要な中州であった。もしも敵対国が黒瞎子島に要塞を構築し砲台を据えたならば、有事に際してハバロフスクは壊滅的な打撃を受けることが予想された[44]。

もともと黒瞎子島は、清の綏遠州（後の撫遠県）の管轄下にあり、一九〇九年には清の学校開設にあたり、同島の児童に入学を勧誘した記録や、一九一〇年頃に清国人とホジェン族合わせて一五戸が島内で開墾・漁業に従事していた事実があった[45]。

しかし、帝政ロシアは清の辺境における統治能力の低下に乗じて、一八八六年頃には、黒瞎子島に設置されていた界標を遥か南の烏蘇鎮まで移動し、黒瞎子島の南側を流れるカザケウイッチ水道こそが河川国境だと主張しはじめていた[46]。

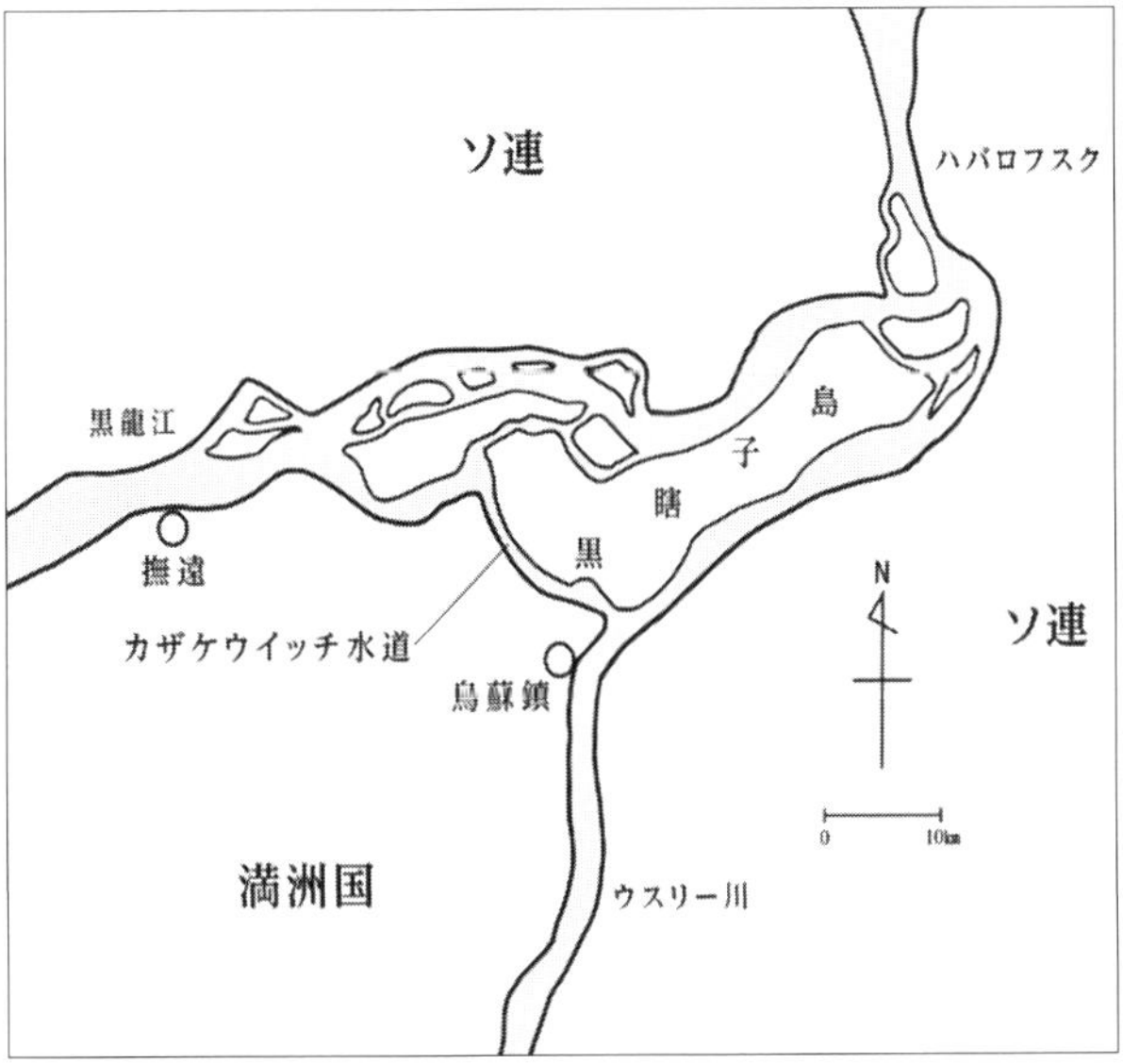

図7　黒瞎子島周辺要図

出典：「ハバロフスク - 黒河 - 斉斉哈爾（百万分一満ソ国境方面航空図）2号」（国立国会図書館所蔵、書誌 ID: 000008336931）を基に筆者作成。

図８　黒瞎子島最西端の様子
出典：『大典観艦式記念　江防艦隊写真帖』（1935年、非売品、北海道大学附属図書館北方資料室所蔵）。

帝政ロシアは、結果的に露清の力関係を背景に同島を占領し、以後ロシア人が漁や草苅のために出入りするようになり、家屋や船渠（せんきょ）を建設した。そして辛亥革命とロシア革命を経た一九一八年に、ソヴィエト政府が中華民国の船舶に対し、黒瞎子島北側水路（黒龍江本流）の航行を禁止した。この時、中華民国はソ連の決定を黙認し、実効支配を許したため、以降本流である黒瞎子島の北側水路の航行ができなくなった。(47)

このようにソ連は、黒龍江の中州を占領することで、中州だけでなく河川の本流である黒瞎子島の北側航路までも実効支配することに成功したのである。

その後、一九三二年に満洲国が建国され、黒龍江上の中州の帰属問題は、そのまま満洲国とソ連の問題に移行した。

（三）満洲国とソ連の国境線認識

中州の帰属については、瑷琿条約にも北京条約にも条文上明記されていない上、瑷琿条約の第一条では「黒龍江松花江烏蘇里河は此後只中露両国船舶の航行を許し」とあるため、この条文に従えば満ソ双方が黒龍江全域において平等の航行権を有していたと考えられる。この場合、たとえ中州によって水路が分岐していても、満ソいずれもどちらの水路も航行可能と解釈できる。しかしながら北京条約では条文に「地図を作成し図内に赤色を以て境界を分かち」との文言があるため、璦琿条約では不明確だった中州の帰属を条文によって地図に委ねたとも解釈できる。当該条文は露文でも「утверждается составленная карта, на коей граничная линія, для большей ясности, обозначена красною чертою（筆者試訳：より明確にするために、赤線によって表示された国境線のある作成された地図を確立する）[48]」とあり、やはり国境線の位置を地図上で明確にしようとする文言である。

当然ソ連は、この地図を根拠に中州の領有を主張した。前述のとおり北京条約附属地図には、黒龍江上の中州の大部分が帝政ロシアに取り込まれるように赤線が引かれていたことから、ソ連は乾岔子島と金阿穆河島を含む多くの中州を自国領と認識していた[49]。

ただしこの主張に対しては、日本の先行研究において、北京条約の条文では黒龍江を隔てて露清を分かつとしているだけであり、地図に書き込まれた赤線は、黒龍江が両国の境界であることを象徴的に意味するのみで、国境線の位置を示すものではなく、ましてその位置によって中州の帰属を決定するものではない、という解釈の提示もされている[50]。

一方で満洲国及び日本が、乾岔子島を含む黒龍江の中州の大部分を自国領と認識していた有力な根拠は、河川国境に関する「タールヴェークの原則」であった。「タールヴェークの原則」とは、国境を形成する航行可能な河川の境界に関して、沿岸国に特別な取り決めがない場合は、河川の最深線、主流の中央線、または下流に向かう航路の中央を境界線とする一般的な規則のことである。この原則を黒龍江にあてはめた場合、境界線は乾岔子島をはじめとする主要な中州の北側を通るため、多くの中州は満洲国に帰属すると考えられた[51]。

実際に日本には、この「タールヴェークの原則」を根拠として、国境線が乾岔子島と金阿穆河島の北側に位置していたと主張する資料もある[52]。しかしながら「タールヴェークの原則」は、あくまでも慣行上の原則でしかなく、満ソ間で法文化された取り決めではないという点で主張に弱さもあった[53]。

また、最深線といったところで、そもそも満ソ両国が共同で測量をして決定しておらず、従来の航行による経験上の測定によるものだったため、たとえ中州の北側の方がより水深が深いことが事実であったとしても、最深線そのものの合意すらなされていなかった[54]。

ただし満洲国は、中州の実効支配という点では優位性を保持していた。いつの頃から住民が中州を往来していたのか、その起源は明確ではないが、少なくても北京条約締結前には、清側の住民が乾岔子島及び金阿穆河島を含む黒龍江の中州を生活のために利用していたようである[55]。

北京条約の第一条末段には、「若し中国人の居住せる処及中国人の占むる漁猟の地は均しく之を占むることを得ず尚従来の如く中国人の漁猟を許可すべし」という文言があることから、住民の中州の利用が継続されて来たのであろう。

満洲国としては、国際法上の原則と実効支配の事実から、乾岔子島と金阿穆河島を自国領と認識しており、北京条約附属地図を根拠とするソ連の認識とは対立していた。しかし中立に評価すると、北京条約に「地図を作成し図内に赤色を以て境界を分かち」とある以上、附属地図を保有していたソ連の主張に分があるように思われる。

（四）　日本側の地図の考察

日満とソ連の国境線認識に差異があったことを理解した上で、日本国内で確認できるいくつかの地図を考察する。

最初は、大日本帝国陸地測量部が作成した昭和七（一九三二）年製版の奇克特周辺の五十万分一図である（図9参照）。

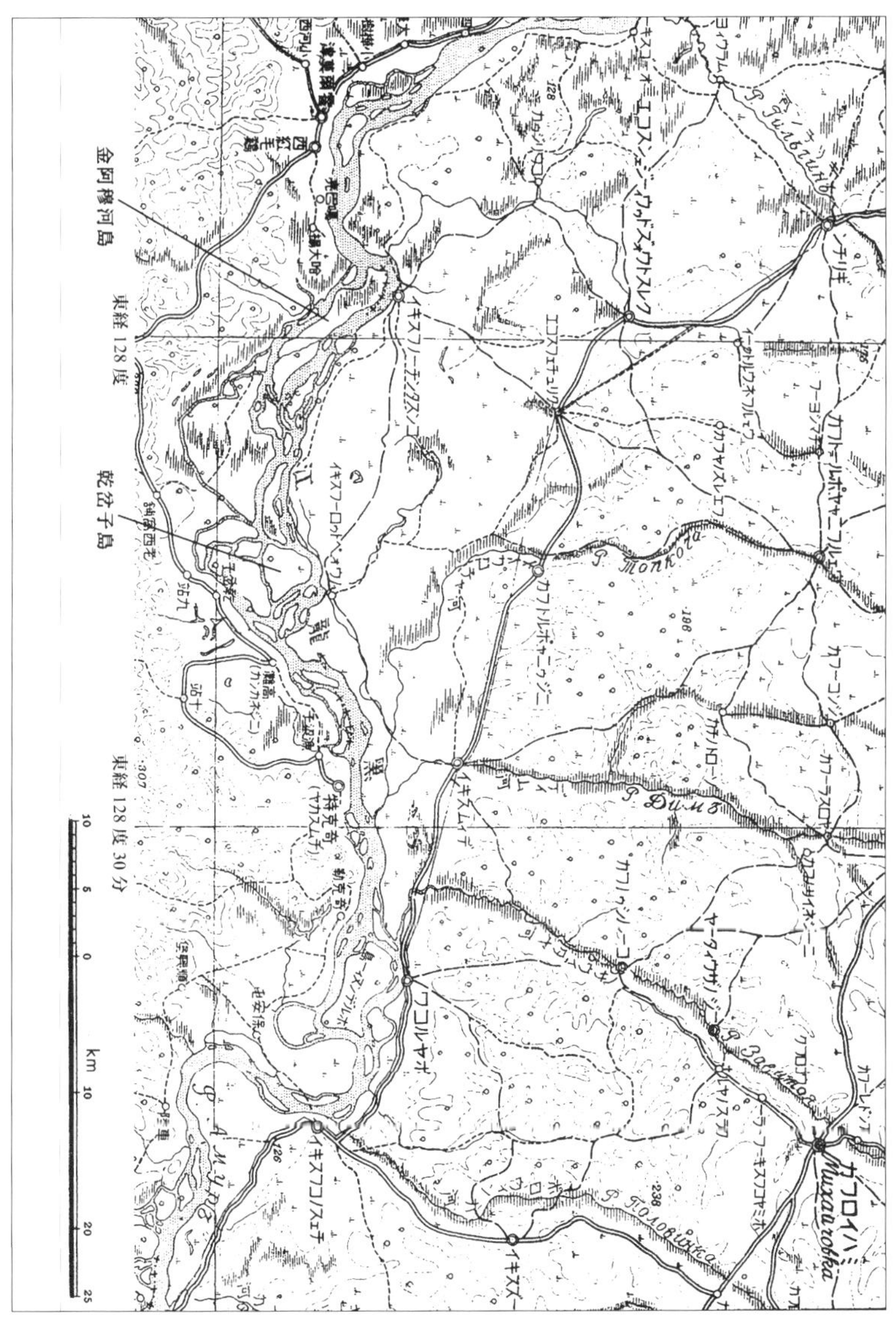

図９　大日本帝国陸地測量部作製の黒龍江周辺地図（1932 年製版）

出典：大日本帝国陸地測量部「満洲五十万分一図西第三行北第九段（奇克特）」（昭和七年製版、筆者所蔵）（同様の地図は国立国会図書館にも所蔵されている。書誌 ID: 000008270395）。

※「金阿穆河島」「乾岔子島」「東経 128 度」「東経 128 度 30 分」は筆者挿入。

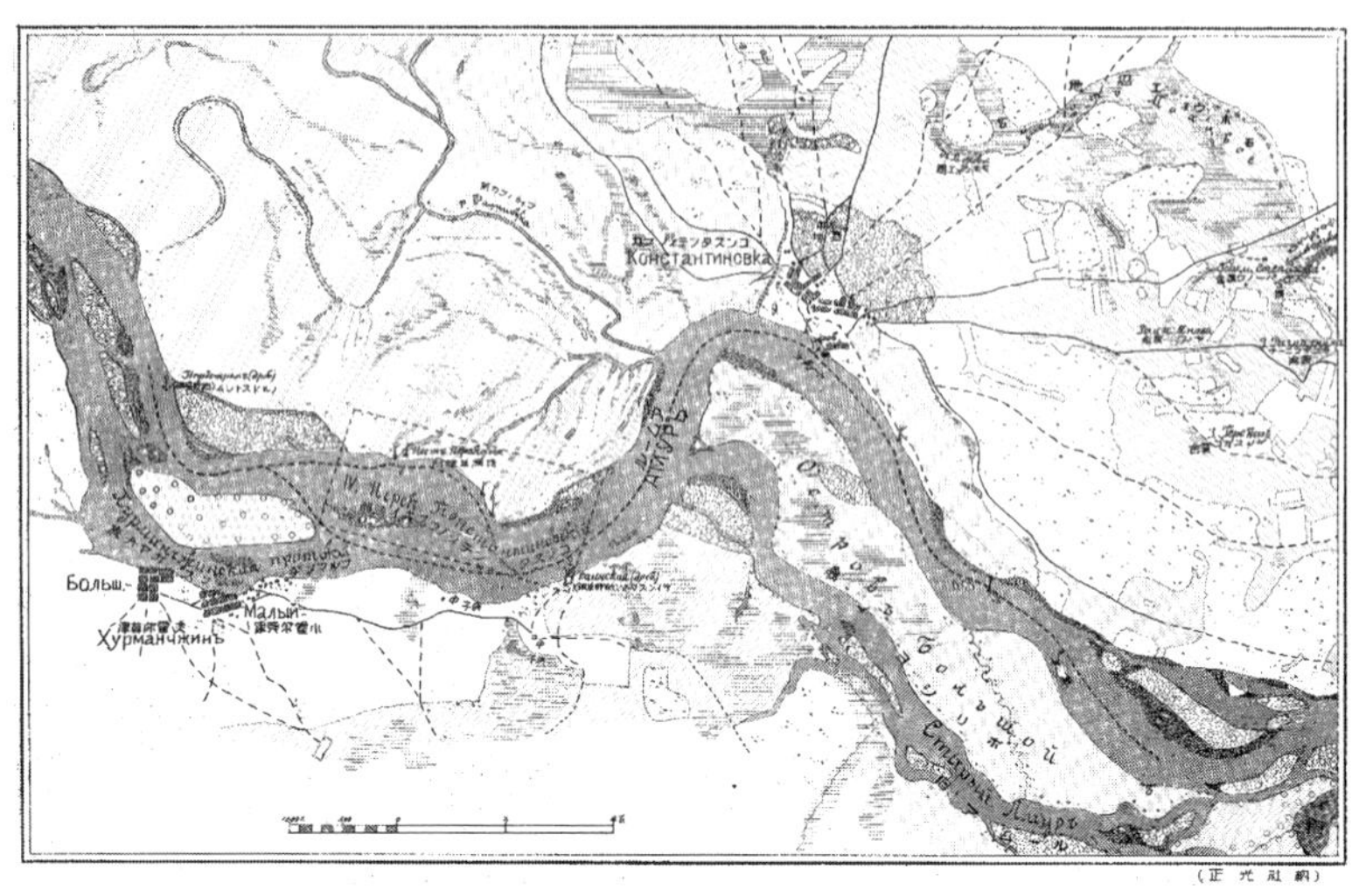

図10　南満洲鉄道発行のボリショイ島（金阿穆河島）周辺図
出典：満鉄産業部「露文翻訳　ソ聯極東及外蒙調査資料別輯第七号　黒龍江誌附図（二十八葉）」（南満洲鉄道、調製年不明）（以下、「黒龍江誌附図（二十八葉）」）附図10（筆者所蔵）。

この地図の東経一二八度線上にある、ソ連領「コンスタンチーノフスキイ」（コンスタンチノフスキー）の南側にある中州が金阿穆河島であるが、「コンスタンチーノフスキイ」と金阿穆河島との間に「＋・＋・＋・」線が引かれている。また、東経一二八度三〇分線上にある満領「奇克特」の西側にある「漁梁子（ユィリャンツ）」の北側の中州部分にも、北側水路に同様の「＋・＋・＋・」線が引かれている。これは本地図上において一帯の国境線が黒龍江の北側水路を通っていることを示すものであり、中州が満洲国に帰属することを意味している。

次は、南満洲鉄道株式会社産業部（以下、満鉄産業部）が露文を翻訳した二八葉から成る「黒龍江誌附図」[56]である（図10～12参照）。ここに収められている地図は、調製年度等の詳細が不明であるが、地図と一緒に収録されているロシアの各沿岸都市の解氷期データが一九〇一年～一九〇五年のものであることから、同時期に流通していた露版地図の翻訳版だと推測できる。また、満鉄産業部の翻訳時期は、他の資料状況からみて一九

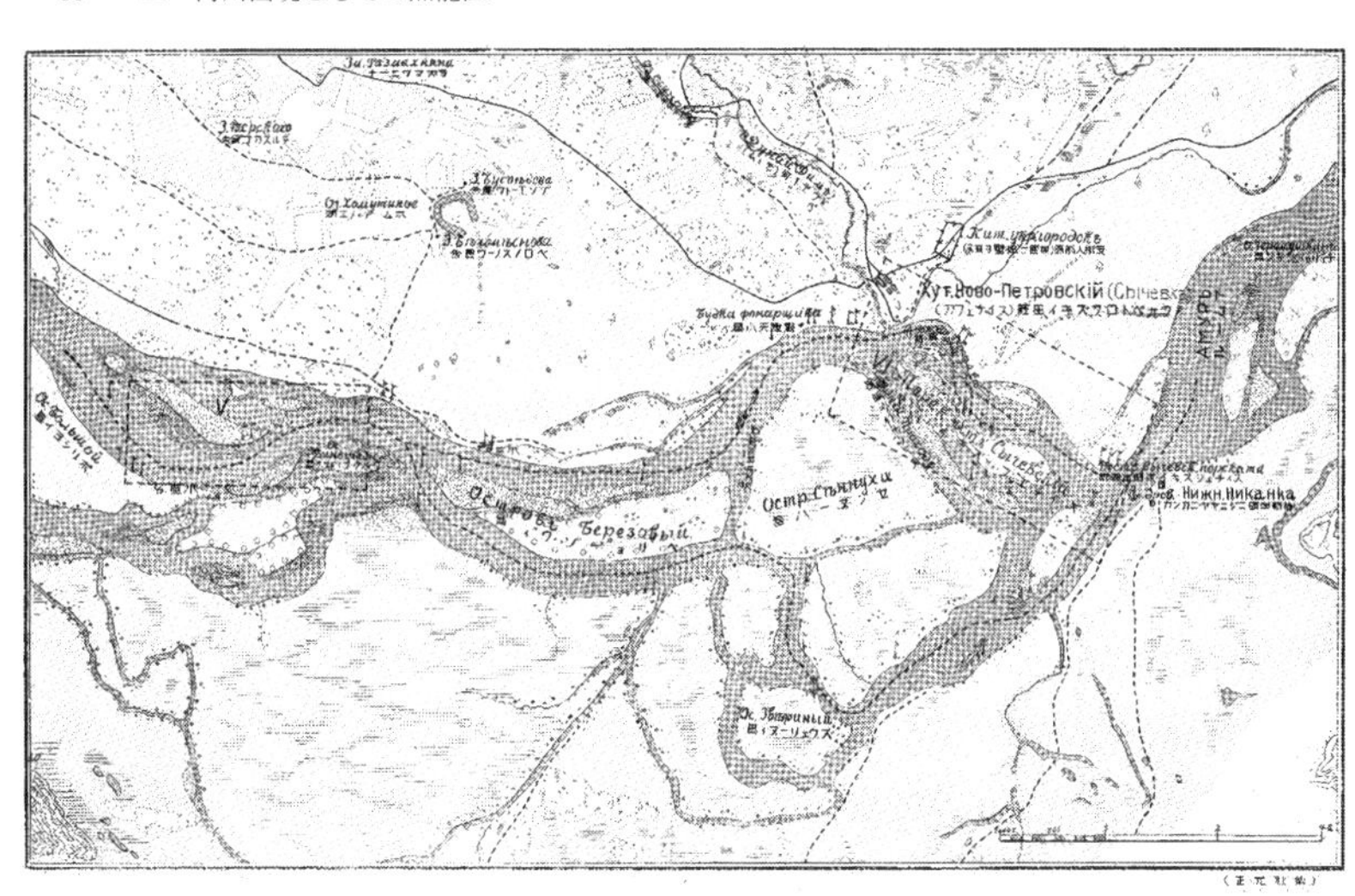

図 11　南満洲鉄道発行のセンヌハ島（乾岔子島）周辺図
出典：「黒龍江誌附図（二十八葉）」附図 11。

三六年以降と思われる(57)。

図10の地図では、「ボリシヨイ島」（金阿穆河島）とその周辺を確認できる。本地図でも、破線（実際は赤の破線）は主に北側水路を通っているが、一部の中州で二股に分岐している様子も確認できる。この破線が何を意味しているのか不記載であるが、国境線を一部の中州部分だけ二股にすることは考えにくいため、航行可能または実際の航路を示していると考えられる。図10に満洲国と日本が主張していた「タールヴェークの原則」を適用すると、少なくとも金阿穆河島は満洲国に属することになる。

問題は図11である。この地図では「センヌーハ島」（乾岔子島）とその周辺を確認できるが、航路線と思われる破線（実際は赤の破線）が乾岔子島の南北に分岐している。したがって「タールヴェークの原則」をこの地図上で適用しようとしても国境線が不明確となり、乾岔子島の帰属は解決できない。

同様の問題は図12でもみて取れる。同図では、ソ連

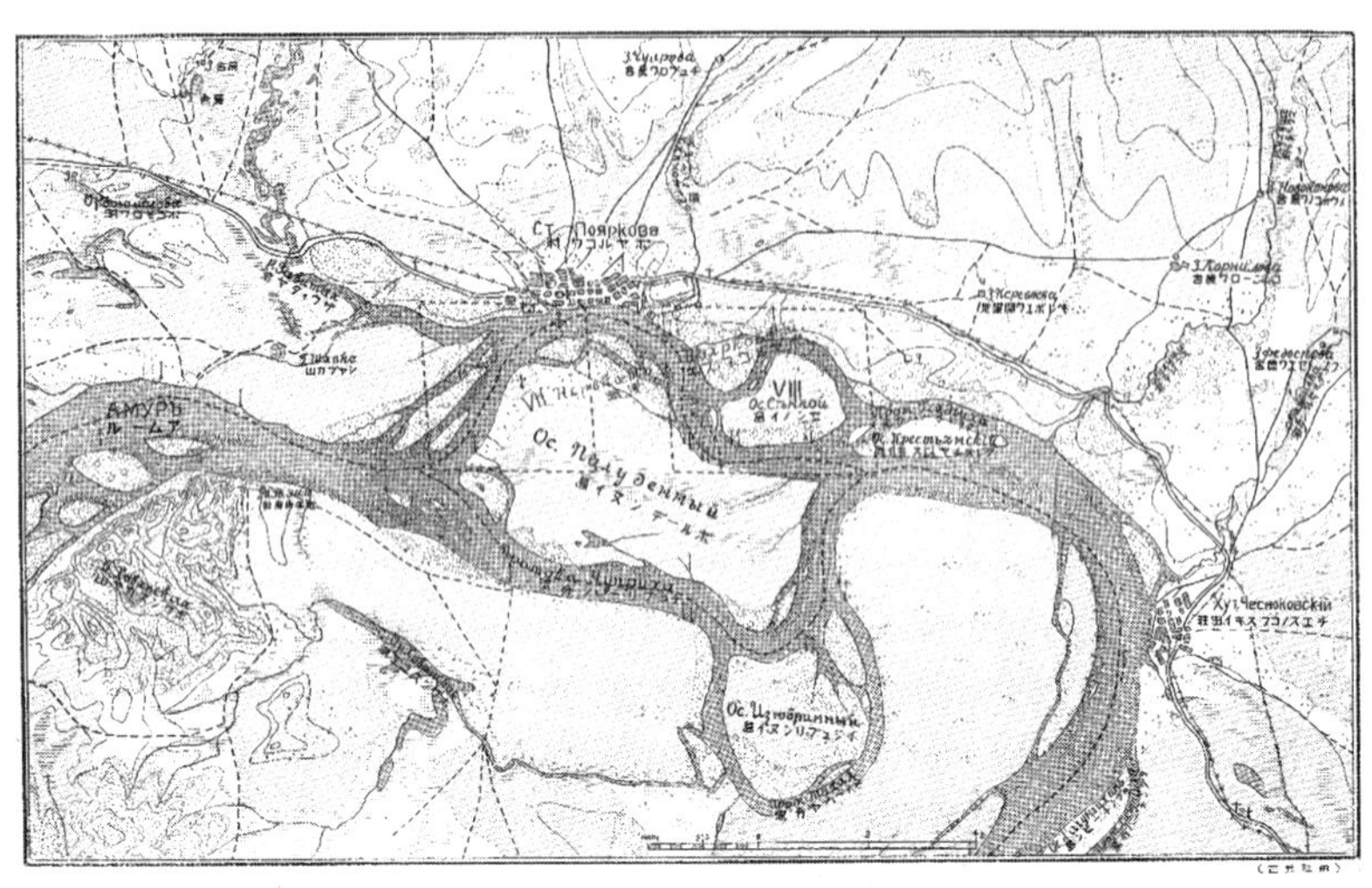

図12　南満洲鉄道発行のポルデンヌィ島及びポヤルコワ周辺図
出典:「黒龍江誌附図（二十八葉）」附図12。

領「ポヤルコワ村」(乾岔子島の下流）の南側に位置する「ポルーデンヌイ島」(ポルデンヌィ島）周辺が確認できる。この島も破線（実際は赤の破線）が南北に分岐しており、破線を国境線にしようとすると中州の帰属が不明になる。

このように露文翻訳地図では航路線が乾岔子島を含めていくつかの島で南北に分岐しており、ソ連としてはたとえ日満側が主張していた「タールヴェークの原則」をあてはめたとしても、国境線の位置を明確化できなかったと思われる。

むろんこれらの考察は、現在入手可能な地図をみながら当時の日満ソの国境線認識を重ねているだけであり、どちらの国境線認識に正当性があったのかについて、答えを出そうとするものではない。しかしながら、現在入手可能な地図に限定しても、日満とソ連の国境線認識に差異が生じていたことは容易に理解でき、国境紛争の下地が出来上がっていたといえる。

註

（1）「第8節　黒龍江島嶼の帰属並に航行問題」JACAR（アジア歴史資料センター）Ref. C13010033100（第20画像目）、満蘇国境紛争地帯と両国の主張　昭和15年4月調（防衛省防衛研究所）（以下、JACAR: C13010033100）。

（2）飯田将人「乾岔子島餘録」（『月刊ロシヤ』№27、一九三七年）一二四―一二五頁。

（3）同右、一二四頁。

（4）「兵要地誌資料提出の件」JACAR（アジア歴史資料センター）Ref. C01003272600（第121画像目）、昭和12年「満受大日記（密）」（防衛省防衛研究所）（以下、JACAR: C01003272600）。
ただし、同史料（第92画像目）では、人口六七六人、戸数一二四戸という数字も確認できる。調査時期や調査方法による差であると考えられるが、おおよそ人口六八〇から七七〇人、戸数一二〇から一七〇戸の集落だったと思われる。

（5）JACAR: C01003272600（第121・123画像目）。

（6）同右（第121画像目）。

（7）「アムール河系に棲息する魚類一覧表」JACAR（アジア歴史資料センター）Ref. C13021549900（第1～3画像目）、アムール河系に棲息する魚類一覧表（防衛省防衛研究所）。

（8）JACAR: C13010033100（第21画像目）。

（9）Сутормин В. Благовещенский (Амурский) инцидент 1937 года // Арсенал Коллекция. №1. 2015. С. 48.

（10）JACAR: C13010033100（第20画像目）。樋貝義治『戦記・甲府連隊――山梨・神奈川出身将兵の記録――』（サンケイ新聞甲府支局戦記・甲府連隊出版委員会、一九六四年）一九七頁。Google Map を用いて測定すると、現在の島の大きさは南北・東西に約七㎞である。

（11）図2の地図表記に従う乾岔子島（北部乾岔子島）は、イタリックで「*乾岔子島*」と表記した。

（12）羊草とは、黒龍江省の酪農地帯における自然草地の大部分を占める代表的な野草である。「タンパク質に富み、乾物が多く、耐寒性があり、嗜好性が良いなどの特徴がある」ため、家畜用の飼料として使用されている（裏悦次・片山秀策・秦寛「中国黒龍江省における厳冬期の家畜管理」（『北海道家畜管理研究会報』第二四号、一九八八年）二四頁）。

（13）JACAR: C13010033100（第21画像目）。長谷川了『明朗新支那の建設』（第二国民会出版部、一九三八年）一一八頁。『東京朝日新聞』（一九三七年七月十日、朝刊）。

（14）外務省情報部「乾岔子島事件と満蘇国境問題」（『週報』第三九号、一九三七年）一八頁、二二頁。

(15)『満洲日日新聞』（一九三七年六月二十二日、夕刊）。JACAR: C13010033100（第15画像目）。
(16) 飯田「乾岔子島餘録」一二五頁。
(17) JACAR: C13010033100（第14画像目）。何家地営子のルビは、飯田「乾岔子島餘録」一二四頁を参照。
(18) JACAR: C13010033100（第14画像目）。
(19) スチュアート・D・ゴールドマン『ノモンハン1939——第二次世界大戦の知られざる始点——』山岡由美訳（みすず書房、二〇一三年）四七頁では、乾岔子島をボリショイ島と紹介している。これは誤訳ではなく、オリジナル版 Stuart D. Goldman, *Nomonhan, 1939: The Red Army's victory that shaped World War II* (Maryland, 2012), p. 30でも乾岔子島をボリショイ島と表記している。
(20) 長谷川『明朗新支那の建設』一一八頁。
(21) JACAR: C13010033100（第2・第15画像目）。
(22) 笠原孝太『日ソ張鼓峯事件史』（錦正社、二〇一五年）五八—五九頁。
(23) 防衛庁防衛研修所戦史室『戦史叢書27　関東軍〈1〉　対ソ戦備・ノモンハン事件』（朝雲新聞社、一九六九年）（以下、『戦史叢書27　関東軍〈1〉』）三三二頁。「中山貞武少将随想日誌　乾岔子から蒙疆まで　昭和12年夏秋」（防衛省防衛研究所戦史研究センター所蔵。中央・戦争指導重要国策文書・八二七）（以下、「中山貞武少将随想日誌」）。
(24)「中山貞武少将随想日誌」。
(25) 茂森唯士編『日支戦争より日ソ戦争へ』（高山書院、一九三七年）二〇五頁。
(26)『戦史叢書27　関東軍〈1〉』三三二頁。
(27) 武藤貞一『日支事変と次に来るもの』（新潮社、一九三七年）二一三頁。
(28) 同右、二一二頁。
(29) 闕島榮「満蘇国境条約考」（『国際知識及評論』第十七巻第八号、一九三七年）七〇—七二頁。なお同資料によれば該当する一五の条約は、ネルチンスク条約（一六八九年）、布拉条約（一七二七年）、布拉条約（阿巴該図界約）（一七二七年）、キャフタ条約（一七二七年）、キャフタ条約追加条約（一七六八年）、璦琿条約（一八五八年）、天津条約（一八五八年）、北京条約（一八六〇年）、興凱湖界約（一八六一年）、北京条約追加条款（一八六一年）、重勘琿春東界約記（一八八六年）、斉斉哈爾条約（一九一一年）、諸問題解決ノ為ノ大綱ニ関スル協定（一九二四年）、奉露協定（一九二四年）、ハバロフスク協定（議定書）（一九二九年）である。
なおネルチンスク条約の現代暦での締結日は、入江啓四郎「ネルチンスク条約の研究」（アジア・アフリカ国際関係研究会

『アジア・アフリカ国際関係史叢書　第二巻　中国をめぐる国境紛争』巌南堂書店、一九六七年）二五頁を参照した。

(30)「5．瑷琿條約」JACAR（アジア歴史資料センター）Ref. C13010034600（第1～4画像目）、満ソ国境関係条約集　1689年～1924年（防衛省防衛研究所）（文体をカタカナから平仮名に変換し、句読点、濁点、送り仮名を筆者が調整した）。

(31) 關島「満蘇国境条約考」七三―七四頁。田中直吉『国際政治から見た日支の抗争』（立命館出版部、一九三七年）一五一頁。

(32) 入江「ネルチンスク条約の研究」二八頁。

(33) 關島「満蘇国境条約考」七四頁。

(34) 同右。

(35)「7．北京条約」JACAR（アジア歴史資料センター）Ref. C13010034800（第2～4画像目）、満ソ国境関係条約集　1689年～1924年（防衛省防衛研究所）（以下、JACAR: C13010034800）（文体をカタカナから平仮名に変換し、句読点、濁点、送り仮名を筆者が調整した）。

(36) 田中『国際政治から見た日支の抗争』一五一―一五二頁。矢野仁一『清朝末史研究』（大和書院、一九四四年）二四二頁。

(37) 矢野『清朝末史研究』一八三頁。

(38) JACAR: C13010034800（第4画像目）。

(39) 矢野『清朝末史研究』二四五頁。

(40) 同右、一八七―一九三頁。關島「満蘇国境条約考」七五―七六頁。

(41) JACAR: C13010033100（第5画像目）。

(42) 北京条約の附属地図については、ボリス・スラヴィンスキー『日ソ戦争への道――ノモンハンから千島占領まで――』加藤幸廣訳（共同通信社、一九九九年）九八頁に「ロシア連邦対外政策公文書館に保存されている」としてファイル番号も記されている。筆者はこの情報を頼りに北京条約附属地図へのアクセスを試みたが、残念ながら現在当該史料は非公開になっているとの返答を得た。

(43) 平竹傳三『実地踏査　ソ聯極東国境線』（桜木書房、一九四一年）九五―九六頁。

(44) 同右、九三頁。

(45)「第7節　黒瞎子島の帰属問題」JACAR（アジア歴史資料センター）Ref. C13010033000（第5画像目）、満蘇国境紛争地帯と両国の主張　昭和15年4月調（防衛省防衛研究所）（以下、JACAR: C13010033000）。

(46) 平竹『実地踏査　ソ聯極東国境線』九三―九四頁。

(47) JACAR: C13010033000（第1・2画像目）。

(48) JACAR: C13010034800（第4画像目）。

(49) JACAR: C13010033100（第5画像目）。「松本文庫（文書の部）」（I-c-24-1 [19]）（東京都立大学図書館所蔵）。

(50) 矢野『清朝末史研究』二一七—二一八頁。

(51) JACAR: C13010033100（第4・5画像目）。国際法学会編『国際関係法辞典』（三省堂、一九九五年）五三五頁。国際法学会編『国際関係法辞典　第二版』（三省堂、二〇〇五年）五九五頁。

(52) たとえば、外務省情報部「乾岔子島事件と満蘇国境問題」一一—一二頁などがそうである。

(53) 茂森『日支戦争より日ソ戦争へ』二一一頁。

(54) 藤森唯士「黒龍江紛争と日ソ関係」（『今日の問題』臨時増刊第十七号、一九三七年八月〈ソヴィエト・ロシア特輯号〉）七—八頁。

(55) JACAR: C13010033100（第3・4画像目）。

(56) 満鉄産業部「露文翻訳　ソ聯極東及外蒙調査資料別輯第七号　黒龍江誌附図（二十八葉）」（南満洲鉄道、調製年不明）（以下、「黒龍江誌附図（二十八葉）」）。

(57) 国立国会図書館には、南満洲鉄道産業部資料室北方班編『露文翻訳　ソ聯極東及外蒙調査資料　別輯第五号：極東地方に於ける泥炭その加工と利用』（南満洲鉄道、一九三六年、書誌ID: 000000836113）が所蔵されている。そのため、同第七号である「黒龍江誌附図（二十八葉）」は一九三六年以降の調製と推測される。

第二章　乾岔子島事件の前史

一　水路会議と満ソ水路協定の成立

（一）水路会議

満洲国とソ連の国境は、一八五八年の璦琿条約と一八六〇年の北京条約により、その大部分がアイグン川、黒龍江、ウスリー川などの複数の河川によって形成されていた。

満洲国建国以前のこれら境界河川に関わる具体的な協定としては、一九二三年九月に中華民国の黒河道尹[1]とソ連のアムール国立河川船舶局長との間に結ばれた「境界河川の航路維持に関する標識設置の共同作業に対する協定」（以下、旧協定）があった[2]。

この旧協定は双方の締結者からも分かるとおり、国際協定ではなく地方的かつ技術的なものであった。内容としては、当時中華民国側に水路方面の技術者が皆無だったため、ソ連側が航路標識の施設の一切を担当し、中華民国側は費用負担その施設に要する費用として年間二万五〇〇〇元をソ連側に支払うという非対等的なもので、中華民国側は費用負担だけで航路維持には何らの関与もできなかった(3)。

この協定は一九三一年の期限満了により失効したが、一九三二年に建国された満洲国が境界湖川地域の取り決めを放置していたために、河川国境において満洲国の船舶がソ連側から自由航行を妨害される事案が度々発生した。こうしたことから満洲国は満ソ両国の安全な船舶航行のためにも、これらの地域の治安確立及び水運の復興に資する新協定締結の必要性を痛感していた(4)。こうした事情から、満洲国政府が一九三三年の春に新協定の締結を目指す水路会議の開催をソ連側に提議したところ、同年十月にソ連側がこの提案を応諾したため、新協定に向けた満ソ水路会議が動き出した(5)。

満洲国は、水路の安全航行や管理問題の解決だけでなく、ソ連との直接交渉の前例を作ることにも期待を寄せていた。もし水路会議の結果としてソ連との間に国際協定を締結することに成功すれば、事実上ソ連に満洲国を承認させることができると考えていたからである(6)。ちなみに、ソ連による満洲国の承認問題については、一九三二年十月一日にブラゴヴェシチェンスクのホテル内に満洲国の領事館が開設された（または満洲国が領事を派遣した）事実をもって、事実上の承認が成立したとの論説があるが(7)、これは領事の接受という「国際法的事実上の承認」という判断であろう。しかし、ソ連はこの時を含めて満洲国の承認を宣言したことはなく(8)、満洲国としては外交使節を伴わない領事館の開設だけでは不満足であり、条約の締結というソ連の「政治的事実上の承認」を目論んでいたと思われる。一方、ソ連はそもそも水路会議に国際的な意義を付与するつもりはなく、かつての旧協定の例にならい、単に地方的かつ技術的会議としての開催を求めていた(9)。

このように両国が異なる性質の会議を期待している中、最初の満ソ水路会議は一九三三年十一月初旬にブラゴヴェシチェンスクにおいて開催されることになった。しかし、両国が代表委員を決定し、満川国側委員が新京から開催地に出発する段に至った十一月九日、突如駐哈爾浜ソ連領事がソ連政府の電命により「水路会議は本国政府の関知せざる所で、地方的問題である」として、満洲国側委員の入国査証の発給を拒否したため、同年中の会議開催を断念せざるを得なくなった。[10]

これは、単なるソ連の嫌がらせだったとは考え難い。満洲国が水路会議を国際会議と位置付けている状態で[11]、ソ連が満洲国からの渡航に査証を発給することは、満洲国の「政治的事実上の承認」につながると懸念したのであろう。

会議の開催は当初の予定どおりには実現しなかったが、満洲国哈爾浜航政局には航路維持のために黒龍江での緊急工事をすぐにでも開始したい事情があったため、一九三四年五月十八日に満洲国交通部航政局長からソ連のアムール国立河川船舶局長に宛てて、河川国境における単独施設作業を通告し、実際に工事を開始した[12]。この単独作業を受けて六月二日、アムール国立河川船舶局長は満洲国の代表を迎え入れることを表明し、満洲国側もソ連側の希望した形での会議開催に応じたため、水路会議は国際的な意義を持たずに開催されることになった[13]。そして六月二十五日の予備会談を経て、六月二十八日午後二時から黒河において水路会議を開催することになった[14]。

会議に参加した満洲国側委員とソ連側委員は、次のとおりである。

満洲国側

主席委員

簀鴻墀　駐ブラゴヴェシチェンスク領事

委員
島崎庸一　交通部路政司第三科科長
堀内竹次郎　哈爾浜航政局総務科科長
吉津清　駐ブラゴヴェシチェンスク副領事
オブザーバー
黒木剛一　駐満海軍付（海軍中佐）

ソ連側（主要委員のみ）
主席委員
A・Ya・メテリッツァー（А. Я. Метелица）　アムール国立河川船舶局長
委員
S・E・ボーチェク（С. Е. Бочек）　アムール国立河川船舶局運航課長
M・P・ゾーリン（М. П. Золин）　アムール国立河川船舶局水路・連絡課長
オブザーバー
海軍少佐一名(15)

構成員をみると満洲国側は主席委員を領事が務めている一方で、ソ連側は主席委員をアムール国立河川船舶局長という一地方行政機関の局長が務めている。この構成員人事からも、水路会議を地方的な意義に留めたかったソ連の断固たる決意が読み取れる。

結果的に満洲国は、協定を地方的かつ技術的な性質に留めることに譲歩して会議を開始したが、協定締結にあたって絶対に譲れない条件が一つあった。それは、一九二三年の非対等的な旧協定を引き継ぐ形ではなく、全く新しい水路協定を満ソ対等の立場で成立させることであった。この決意は、水路会議に臨むにあたって満洲国が定めた次の四方針にみて取れる。

（一）　技術的には概ね旧協定類似の新協定を成立させる。
（二）　ただし、立標、浚渫（しゅんせつ）作業等その他あらゆる点において、旧協定の不平等な点を絶対に平等にさせる。
（三）　会議は地方的・技術的なものとさせる。
（四）　したがって国境問題乃至島嶼帰属問題等に何らの影響を及ぼさせない。[16]（傍線及び〔　〕：引用者）

一九三四年六月二十八日に第一次会商がはじまり、翌日から本格討議に入ると、ソ連側は旧協定を基礎として水路会議を進めたいと主張しはじめた。これに対し満洲国側は旧協定を基礎とすることは断じて容認できず、新協定により共同技術委員会を設置して、あくまで満ソ対等の立場で作業を進めていくことを主張した。このため両者は、この問題について調整を続けることになった。[17]

第二次会商は、七月二日午後三時三十分から開催された。前回同様双方の主張の違いから議場の緊張は相当高まったが、最終的にソ連側が主張を撤回し両者対等の立場で商議を進めていくことで合意した。[18]

七月四日午前九時からの第三次会商では、双方が新提案を持ち寄り会議に入ることになっていたが、当日までに満洲国側委員に訓令が届かなかったため、この日は両者が意見を交換するに留まった。[19]

七月六日午後二時三十分からの第四次会商では、訓令の届いた満洲国側委員が付則を含め全一二条から成る水路協定案を提出した。両国代表が満洲国側協定案について協議を重ねた結果、ソ連側もこの協定案に大きな異議を唱えなかったため、七月十四日の会議で最終的に全一〇条から成る水路協定に正式調印することになった。しかしながらソ連側のメテリッツァー主席委員が病気になったため、七月十四日の会議は流会となった。[20]

その後改めて調印日を設定し、一九三四年九月四日午後二時、黒河にて遂に満ソ対等の立場で「満ソ水路協定」及び附則の「航行章程」（全一一九カ条）が締結された。[21]

（二）満ソ水路協定の締結

一九三四年九月六日、満洲国外交部は水路協定の内容を次のとおり発表した。

満蘇水路協定

満洲帝国哈爾浜航政局及び露国々立アムール船舶局は、諸河川湖の国境部分即ち左記各条の共同作業を実施すべき、アルグン河、黒龍江、ウスリー江、松阿察河（スンガチア河）及び興凱湖における航行状態改善の目的をもつて協定すること左の如し。

第一条　上記河川及び湖における双方船舶の航行は、各河川の水路範囲において共同施設に成る航路標識により、本協定添付の表、双方承認せる航行章程を厳守の上、障害なくこれを行ふものとす。

第二条　前条所定の水路における航行の最善条件の保障、必要なる航路標識の施設維持並に各種掘削浚渫及び其の他の作業を共同事業として実施するため、双方各四名より成る八名の委員を以て共同委員会を組織す。双方委員中各一名を自国の委員長とす。共同技術委員会規約は別に定む。

第三条　共同技術委員会はこの種事業に必要なる予算及び計画を作成し、其の執行を監督し支出決算を査定決定す。

第四条　共同技術委員会の委員及び所要技術員の経費は双方各別に負担するものとす。

第五条　双方は両岸に於ける立標作業及び其監督を各別に自岸において単独に行ふものとし、浚渫、掘削及び其の他一切の水路上の作業は共同作業とす。

第六条　本協定及び共同技術委員会の規則適用に当り疑義を生じたる時は、該問題は特別委員会これを決定するものとす。特別委員会は双方各二名の委員を以て組織す。特別委員会に於ける決議は最終的のものにして異議を挿むことを得ず。

第七条　双方は必要に応じ第二条所定の共同事業遂行のため援助するものとす。

第八条　双方は第二条所定の航行に必要なる諸般施設保護のため所要の手段を講ずるものとす。

第九条　協定は署名調印の日より効力を発生し、二ヶ年経過後、双方は一方的に三ヶ月の予告を以て本協定を廃棄することを得。

前項の通告ありたる時は双方は、新協定締結のため直ちに会議を召集するものとす。

第十条　本協定は満露両文各二通を作成し、双方これに署名捺印の上、満露各二通を保管するものとす。(22)

満洲国は満ソ間の最初の協定である水路協定の範囲に、アルグン川、黒龍江、ウスリー川だけでなく、ソンガチャ川と興凱湖まで入れることに成功した(23)。また、当初施設作業の一切の請負継続を主張していたソ連に大きく譲歩させ、見事に作業平等の合意を協定に明記させたことも大きな成果であった。当時ソ連のアムール国立河川船舶局は新鋭の浚渫船六隻、標識作業船十数隻を所有しており、満洲国側の施設能力を遥かに上回っていた(24)。こうした能力差の中で作業平等を合意させたことは、満洲国の外交的勝利と評価してよいだろう。

調印翌日の九月五日、ソ連政府機関紙『イズベスチヤ』は水路協定締結について、次のような論評を掲載した。

（前略）黒河で調印された協定は国家間の性質を持たずに、専ら技術的な問題に言及している。とはいえ、調印の事実自体が一定の政治的意義を有している。この調印はソ連側の善意を表している(25)（以下、略）。

明言こそしていないが、「調印の事実自体が一定の政治的意義を有している」「ソ連側の善意を表している」という文言から、ソ連政府が水路協定の調印によって満洲国を政治的にも事実上承認したと読み取れる。そうであれば満洲国は、ソ連から作業平等権と政治的事実上の承認という大きな成果を引き出したことになる(26)。

一方で水路協定には、一つの大きな問題があった。それは、第二条で「共同技術委員会規約は別に定む。」として、実働組織である共同技術委員会の会則を取り決めなかったため、水路協定をすぐに機能させることができなかったことである。共同技術委員会が、いかなる会則に則って活動するのかが不明であれば、活動のしようがない。そうなれば当然所定の河川・湖における共同作業も実施できなくなり、この協定の効力も発揮できないことになる。

このことは、ソ連による水路協定の独自解釈と一方的行動を許すことにつながった。実際にソ連は水路協定の締結直後に、清露・満ソ間で長年懸案となっていた黒瞎子島で、島のカザケウイッチ水道側に単独で立標を行った。(27)一方で、満洲国も水路協定締結後に乾岔子島と金阿穆河島に航路標識〔第159、160、163、168、169号〈図1参照〈五頁〉〉〕を立標した。(28)おそらく両国はソ連側の一方的な作業を皮切りに、水路協定第五条に則り自国領と認識していた江岸に航路標識を立てていったと思われる。満洲国は立標後、満洲国航政局員による標識の管理を開始した。(29)

二　第一次・第二次共同技術委員会

水路協定締結後も満ソの歩調にずれはあったが、両国は水路協定第二条に定めた作業〈水路における航行の最善条件の保障、必要なる航路標識の施設維持並びに各種掘削浚渫及びその他の作業〉を共同事業として実施することを目的として、一九三四年十月十三日より黒河にて第一次共同技術委員会を開会した。(30)

当初、委員会の議案は、次の四つが中心であった。

（一）　協定附則「航行章程」の補修改訂

（二）　共同技術委員会会則の作成

（三）　一九三五年度共同技術委員会作業予算の作成

（四）特殊問題（一九三二、三三両年度の満側船舶の通航料金支払い及びソ連側の不法立標問題）[31]

この第一次共同技術委員会からソ連側の委員長[32]が、メテリッツァーからP・G・ムホネンコ（П. Г. Мухоненко：後任のアムール国立河川船舶局長）に交代した。これは、水路会議で大幅に譲歩したメテリッツァーが更迭されたことによる人事であった。この人事により、以降ソ連側委員は、前任の譲歩を挽回するかのように強硬な態度を取るようになった[33]。

会議では、満洲国側が「航行章程」の補修改訂と共同技術委員会の会則を制定して、委員会を成立させた後に予算編成すべきであると主張したのに対し、ソ連側は会則よりも年度予算の編成を急ぐことを主張した[34]。またソ連側は自国の吃水が深い河川砲艦の通航を便利にするために、河川の共同除石作業を提議したが、これも会則制定を優先する満洲国側が受け入れず、意見が対立した[35]。さらに満洲国側は前述の黒瞎子島での立標行為について、外交的に同島の帰属が解決されるまでは保留すべきであると抗議したが、この件もソ連側と論戦になった[36]。

合意点が見出せない中、満洲国側は再びソ連が一方的な立標作業を行わないようにするために、共同技術委員会の会則作成審議だけは開始したかった。しかしながら、会則議題についても満ソ両委員の意見が対立し、審議が進むことはなかった[37]。

結局、立標問題も会則審議も解決できなかったが、満洲国側が提議していた「航行章程」の補修改訂についてはソ連側も応じたため、十一月末より審議が開始され、十二月中旬に同章程及び議事録への署名調印に至った[38]。第一次共同技術委員会は、一九三四年十月から十二月の約三カ月間にわたり開催されたが、満ソ間の意見対立が鮮明化するばかりで、「航行章程」の補修改訂以外に主だった成果はなく、十二月二十日に閉会した[39]。

その後しばらく動きはなかったが、一九三五年末になると、ソ連側が第一次共同技術委員会で提議した除石作業について、今度は徐石作業に限定した委員会を開催したい旨改めて提議して来た。これに対し満洲国側は、同作業は共同技術委員会の機能に包含されるべきであることを理由に、徐石作業に限定した委員会の開催に反対した(40)。

明けて一九三六年一月になると、駐哈爾浜ソ連領事から満洲国外交部北満特派員公署を通じて、満洲国側に共同技術委員会再開の打診があったため、五月三十一日からブラゴヴェシチェンスクで第二次共同技術委員会が開会された(41)。第二次共同技術委員会の満洲国側委員長は堀内竹次郎（哈爾浜航政局長）であり、他三名の委員とともに交渉にあたった(42)。

五月三十一日及び六月十六日の会議の中で、ソ連側が共同調査班による緊急作業箇所の測量に関して浚渫作業をソ連船で行うことや、水路の共同作業にあたって満洲国が白系ロシア人を作業員として派遣しないことを求めて来た。さらに、河川の中央で航路線を画して満ソ個別に調査測量し、その線を越えて相手側の岸に接近することや、調査員が相手国の江岸に上陸することを禁止し、相手国江岸の写真撮影も禁ずる案を一方的に申し出た。このため再び満ソ委員間で意見が対立し、六月末に一旦休会となった(43)。

七月に入り会議を再開するも、満洲国側が一貫して会則審議を主張する一方で、ソ連側は引き続き同様の条件での共同調査の再審議を申し出る態度を取ったため、進展はみられなかった。さらにソ連側は璦琿条約で定められた、黒龍江を含む河川国境の水路全域に及ぶはずの「自由航行の原則」をも否認する態度を取りはじめた(44)。

このようにあらゆる問題で満ソ委員の主張が対立する中、一九三六年七月二十一日には会議毎に黒河よりブラゴヴェシチェンスクに赴いていた満洲国側委員の入国査証をソ連が拒否するなど、委員会の継続に決定的な支障を来したため、翌七月二十三日をもって第二次共同技術委員会は決裂した(45)。

一連の経緯を考察すると、第二次共同技術委員会は、それまでの満ソ間交渉の性質を一変させたといえる。第二次共同技術委員会では、ソ連側が満洲国の共同作業員に白系ロシア人を入れないことや、共同調査班による測量方法について河川中央で航路線を画してその線を越えて相手側の岸に接近したり上陸したりしないことを提案したが、共同作業員の人選は満洲国の内政問題であり、河川の中央線を互いに越えないようにすることは中央線の国境化に等しい[46]。これは、もともとソ連側が要求して成立した「地方的かつ技術的」という水路協定の原則をソ連が自ら破り、水路協定を政治問題化したことに他ならない。

第二次共同技術委員会決裂後、水路問題は主にポヤルコワ水道封鎖という軍事的問題と水路協定破棄という外交的問題へと発展していく。

三　ポヤルコワ水道封鎖と満ソ水路協定破棄

（一）　ポヤルコワ水道の封鎖

第二次共同技術委員会が決裂すると、ソ連はポヤルコワ水道下流に防材を設置し、一般船舶の航行を阻止する行動に出た[47]。ポヤルコワ水道はポヤルコワの眼前に位置するポルデンヌィ島の北側の水路で、歴史的に本水道として航路

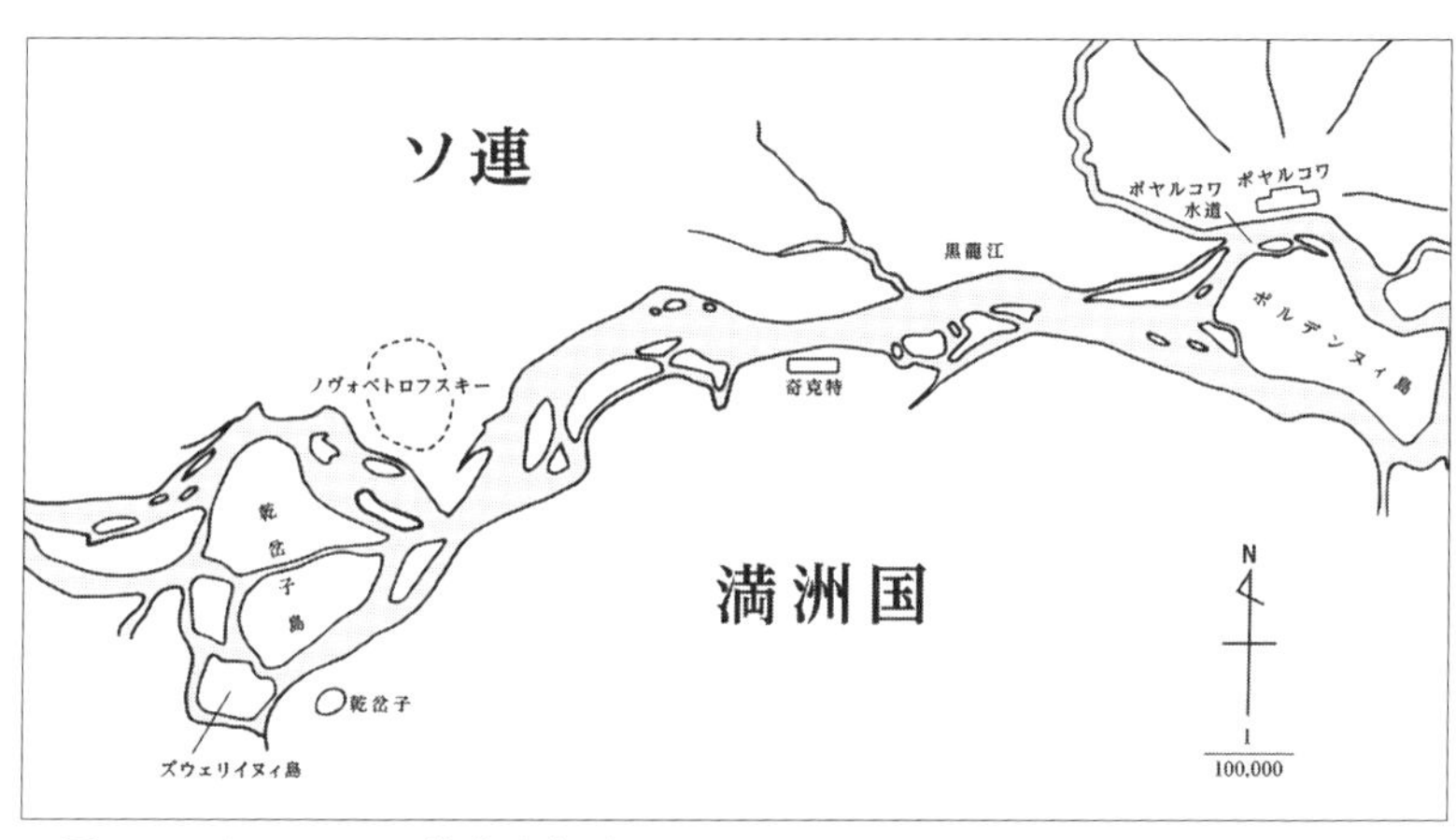

図13　ポヤルコワ―乾岔子島要図

出典：「『ソ』領兵要地誌資料送付の件」JACAR（アジア歴史資料センター）Ref. C01003640000（第16・17画像目）、昭和15年「陸満密大日記 第15冊」（防衛省防衛研究所）を基に筆者作成。

になっていた。したがって満洲国は、ポヤルコワ水道の航路線を国境線と認識していた（図13参照）。

この一方的な封鎖は、明らかに水路協定違反であったが、それにもかかわらずソ連がこのような行為に出た理由については、次のような指摘がされている。

（一）河川の北側ポヤルコワ水道を封鎖して、南側水道を船舶航行路とし、北側水道を不法独占しようとした。

（二）日満船に北側主水道の航行を許すことは、ソ連側江岸の要塞や兵舎等の工事をはじめ軍備状況を探知される恐れがあるため、これを防ぎたかった。

（三）南側水道は大型船舶の航行が極めて困難であるため、北側水道を封鎖することで満洲国江防艦隊の黒龍江における自由航行を妨害し、沿岸警備を不能にしたかった。

（四）ポヤルコワ水道は事実上ソ連のアムール小艦隊の前進根拠地になっていたため、同水道を封鎖しておきたかった[48]。

当時のソ連の意図を正確に明らかにすることは難しいが、航路を南側に変更することでソ連側が得られる利益が複数あったことは間違いないだろう。

いずれの理由であったとしても、ポルデンヌィ島の北側ポヤルコワ水道を実力で封鎖して既成事実化してしまえば、満洲国は南側水道しか通れなくなるため、南側水道を主航路として国境認識せざるを得なくなる。そうなれば、結果としてポルデンヌィ島も北側の本水路もすべてソ連領にすることができる。

この突然の水路封鎖に対して、満洲国は前後四回にわたり、次の三点を要旨として不法行為の即時停止を求め、ソ連側に抗議を行った。

（一）　自由航行の範囲は、水路の全域に及ぶものである。

（二）　本水道は従来両国船舶航行のため両国共同にて航路標識を設置し、両国船舶は自由に航行して来た。

（三）　ポヤルコワ水道の閉鎖は、満ソ両国間の瑷琿条約、国際慣習及び水路協定に違反する不法行為であるのみならず、同水道は交通技術上からみても航路標識の様式が主水路であることを明示している。[49]

これらに加えて、封鎖によって将来生じる結果の責任は、すべてソ連側にあると厳重に申し入れた。

図 14　ポヤルコワ水道入口を航行するソ連の 30t 級砲艇（撮影時期不明）
出典：森口誠「黒龍江中流黒河・同江間写真帳（2）」（1940 年、北海道大学附属図書館北方資料室所蔵）。

これに対してソ連側も、次の三点を要旨として反論を展開した。

（一）自由航行の範囲は、単に主要航路に沿ってのみ許容される。

（二）ポヤルコワ水道は、黒龍江の主要航路にあらず。

（三）北京条約附属地図によっても、ポヤルコワ水道は完全にソ連領土内にある。したがって自国領土内に何を設置するも自由である。(50)

ソ連も自らの行為を正当化し、満ソ間の応酬は何ら具体的な解決策を生むことはなかった。膠着状態のままその年の河川結氷期に入ったため、この問題は翌一九三七年の解氷期に持ち越された。

（二）満ソ水路協定の破棄

年が明けて一九三七年一月二十日、ソ連側はアルグン川及び黒龍江において単独で除石作業を実施する旨通告して来た。これを受けて満洲国側は、同水域における単独作業は満ソ水路協定に違反するとの立場から、一月二十三日付で同作業を許容できない旨回答した。(51)

これに対してソ連側は、三月二十日にムホネンコ委員長発堀内委員長宛ての三月十九日付の覚書をもって、次の三点を要旨として通告した。

（一）共同技術委員会は成立したが、水路改善は満洲国側の態度により放置され航行に支障を来すに至った。
（二）満洲国側の拒否的態度は従来どおりであるが、ソ連側は今一度本問題解決のため満洲国側と協議を行いたい。
（三）本作業は河川氷結中に行わなければならないため、委員会開催は実際上不可能であるにつき、両国委員間において協議することにしたい。(52)

前述のとおり、一九三五年末からソ連側は徐石作業だけは共同技術委員会とは別の形で協議、実施することを望んでいたが、その理由は右記通告のとおり徐石作業が河川氷結中にしか実施できないため、共同技術委員会での合意を待っていてはいつまでも作業を開始できず、吃水の深いソ連の軍艦に不都合な状態が続いてしまうからであった。

ソ連側はこの問題で満洲国側から譲歩を引き出すため、三月二十三日にミハイル・スラヴツキー（M. M. Славуцкий）駐哈爾浜ソ連総領事より施履本（しりほん）外交部北満特派員に対して、万が一満洲国側がソ連側の申し出に応じない場合、ソ連側は水路協定の破棄も辞さないと申し出た。(53)

しかしながら、満洲国側はこの脅しとも取れるソ連側の申し出に譲歩することなく、四月五日に堀内委員長からムホネンコ委員長宛て覚書（三月二十一日付）をもってソ連側の不誠意に論駁を加えた上で、徐石作業問題は共同技術委員会会則制定と並行して、共同作業としてその計画案を審議する用意があると従来どおりの回答を繰り返した。(54)ムホネンコ委員長はこの回答を不服として、予告どおり堀内委員長に宛てて四月三十日付書簡をもって水路協定破棄を通告し、満洲国側は五月十三日にこの通告を接受した。(55)

ソ連側の破棄通告の主な内容は、次のとおりである。

一九三四年九月満ソ間水路協定締結以来、共同技術委員会は、ソ連側の提案を一つとして採用することなく、満洲国側は協定上の各種問題の事務的調整を希望しないが如き行動を敢えて為すとともに、委員会の権限に属さない問題を提起し、無意義なる論争を押して、委員会の実際的活動を不可能にする等、その誠意を認めるに苦しむ。すなわち、会議中委員長が午睡を為し、また委員が新聞を読む等の事件を想起する。故に黒龍江航路は荒廃し、航行に支障を生ずるに至った。依って当船舶局はここに協定第九条により、同協定廃棄の余儀なきに至りたる旨通告する。(56)

満洲国側はこの通告について慎重に協議し、五月二十一日に堀内委員長談の形式により、ソ連側の協定破棄の通告は全く一方的な不当措置であり、会議中の午睡や新聞閲覧を理由に含めることは国際儀礼に欠くことなどから、断じて承認することはできず、哈爾浜航政局は従来どおり航行自由に則って業務を遂行することをソ連側に声明した。(57)

ソ連の破棄通告については、水路協定の第九条で「協定は署名調印の日より効力を発生し、二ヶ年経過後、双方は一方的に三ヶ月の予告を以て本協定を廃棄することを得」と定められていたため、理由はどうあれ有効だったと判断できる。

図15　施　履本
出典：村松道司編『大満洲帝国名鑑』(挙国社、1934年)「吉林省」5頁。

ただし破棄には〝三ヶ月の予告〟が必要なため、一九三七年四月三十日付で破棄通告された同協定は、同年七月末日に失効することになり、それまでは同協定が有効だったことは明らかである。(58)

なお、水路協定第九条の後段によれば破棄通告が為された場合、新協定締結の会議を直ちに招集することになっていたが、満洲国としては自ら積極的に会議を招集するつもりはなく、ソ連の要求があれば応じるという対応方針を決めていた。(59) こうして満ソ水路協定は破棄された。

そして水路問題をめぐり満ソ関係が悪化する中、黒龍江は例年どおり解氷期を迎えた。

（三）　ポヤルコワ水道の突破

水路協定破棄をめぐり満ソ関係が悪化していた頃、黒龍江は解氷期を迎えており、再びポヤルコワ水道封鎖問題が表面化した。

一九三七年五月十六日、江防艦隊の「大同」と「利民」が黒龍江を黒河方面に遡江中にポヤルコワ水道に近付くと、ソ連砲艇が両艦を包囲し通航を妨害した。この時は江防艦隊側に機械の不具合があったため、同水道の通航を取りやめて南側水道を通過した。(60)

五月三十一日、今度は江防艦隊の「親仁」と「定辺」が遡江中にポヤルコワ水道に差し掛かると、同じようにソ連砲艇が両艦の前後に付き纏い、水道通過禁止の万国船舶信号を発信した。しかし、「親仁」「定辺」の両艦はこれを無視してポヤルコワ水道を強行突破した。この突破で水路封鎖に使用されていた防材は岸に上がり、直径二インチのワイヤは水底に沈んだとされる。(61)

ちなみに「大同」と「利民」は全長三〇・五m、排水量六五tの同型「砲艇」だった一方、「親仁」と「定辺」は全長五四・六m、排水量二九〇tの同型の河川用「砲艦」だった。(62)

図16 「利民」
「大同」は「利民」と同型艇。
出典：『大典観艦式記念　江防艦隊写真帖』（1935年、非売品、北海道大学附属図書館北方資料室所蔵）。

図17 「定辺」
「親仁」は「定辺」と同型艦。
出典：同右。

後者二隻がポヤルコワ水道を突破した理由が、船体の大きさや吃水の深さからくる航行上のやむを得ない措置だったのか、それとも突破そのものが目的だったのかについては史料上明記されていないが、「大同」と「利民」への航行妨害の直後だったことと停船しなかったことを考えると、突破目的あるいは突破を想定した航行だったと判断できる。ソ連の現状変更の試みに、満洲国が実力をもって自由航行を訴えたのである。

一方で、ポヤルコワ水道を〝領内〟として封鎖していたソ連の立場からみれば、江防艦隊の水道通過は〝国境侵犯〟であり、強行突破を許したことは大失態であった。この出来事はソ連側を相当刺激したようで、直後からソ連側には顕著な動きがみられた。水路突破の翌日六月一日には、ソ連砲艇九隻がポヤルコワに入港し、二日には、飛行機が三機飛来した。さらに四日には、野砲六門を有する部隊一個がポヤルコワに進出して、同水道の監視を開始したことが確認されている(63)。

六月五日になると、駐哈爾浜ソ連総領事が同地の施特派員を訪ねて抗議を行った。七日に日満側がこれに反駁を加えると、十二日ソ連側はさらに次のような抗議書を提出した。

五月三一日黒龍江を航行中の満洲国砲艦定辺、親仁はソ連国境を侵犯しポヤルコワ村付近のソ連国内水道に侵入した。「ソ連領水内ニ入ルベカラズ」と信号を与えたにもかかわらず、満洲国砲艦は同水道のソ連監視艇に艦首を向け、威嚇しつつ水道を不法通過した。ソ連外務人民委員部の委任により余は満洲国砲艦のこれ等傍若無人な行動に対する余の厳重抗議を更新し、その結果の責を満洲国に負わせるとともに、将来この種の事実が繰り返されないよう然るべき手段を講じられることを要請する。(64)

これに対し、満洲国側も六月十五日にソ連側の抗議が不当であることを指摘し、次のように抗議した。

(前略)本年五月三一日我が方軍艦の通航に際しては、貴国砲艇は右水道入口に位置し通航拒否の姿勢を取り「入口閉鎖シアリ」との虚偽の信号を為し、次いで「汝入ルベカラズ」「通行禁止」等の信号を為しつつ、右砲艇は我が方軍艦の付近を巡遊し、盛んに通行妨害の挙に出た。

本官は、外交部大臣(65)の訓令により貴方砲艦の不法なる行動に対し厳重抗議するとともに、我が国艦船の右水道通航は依然自由なることをここに重ねて声明する。(66)

実力では圧倒的に勝るソ連に対して、満洲国が一歩も譲らない態度で臨んでいることが窺える。満洲国側が態度を変えなかったことから、この抗議の二日後の六月十七日、ソ連側はさらに奇克特西方に位置するノヴォペトロフスキー水道の東口に開閉式防材を設置するに至った。(67)

そして、さらにその二日後の六月十九日、ついにソ連国境警備隊が乾岔子島に上陸し、乾岔子島事件が勃発するのである。

四　事件前のソ連の外交的抗議

本章では水路会議と水路協定を中心にして前史を考察したが、最後に乾岔子島と金阿穆河島に関するソ連の外交的抗議について補足しておく。

乾岔子島事件の直後、日本の外務省情報部は『週報』（第三九号）で、乾岔子島と金阿穆河島には、満洲国の採金夫や漁業従事者が居住しており、そこに生活実態があったことや、一九三四年九月の満ソ水路協定（第五条）に則って、満洲国側が乾岔子島及び金阿穆河島に、航路標識を設置していたことを説明している(68)。

そして乾岔子島には、これら航路標識の管理のために、満洲国航政局員が常在していたことをソ連側も承認しており、乾岔子島事件が勃発するまで、二島について「嘗て何等の問題も起つたことはなかつた(69)」と解説している。

こうしたことから、乾岔子島事件は一九三七年六月十九日に、かつて一度も問題になったことがない満洲国帰属の中州に、ソ連国境警備兵が突然上陸して来た事件として理解されている。しかしながら、実際は当該両島については、事件以前にソ連から満洲国に対して帰属を主張する外交上の抗議が行われており、ソ連は両島について明確に問題意識を持っていた。

管見の限り最も古い記録は、満ソ水路協定締結直後の一九三四年十月一日に駐哈爾浜ソ連総領事代理ニコライ・ライヴィド(70)（Н. Я. Райвид）が、満洲国外交部の施特派員に提出した抗議文である。

抗議文では、五つの事例を取り上げて、それらが満洲国中央部の命令による地方官憲の計画的かつ組織的傾向を持つソ連領土の不法占領であると、注意喚起を行っている。その要旨は、次のとおりである。

（一）一九三四年六月十六日七名（白衛兵四名、満洲国人三名）から成る一団がソ連領センヌハ島（乾岔子島）に現れて、同島において採金工作を開始した。

（二）同年七月二十日センヌハ島の東北にあたる一島上に、一二名（白衛兵八名、日本人三名、満洲人一名）の武装した一団が上陸した。

（三）同年九月十四日汽船「安寧号」がコンスタンチノフスキー村対岸のソ連領ボリショイ島（金阿穆河島）に近付き、同島所在のソ連漁夫四名を逮捕し、汽船に連行した上訊問を行った。満洲国官憲は暫時彼らを抑留し、あたかも国境侵犯行為を行ったかの如き調書に署名を強要した。

（四）同年九月十五日午前十一時三十分、汽船「安寧号」がソ連領マールイ島（乾岔子島東北）に停泊し、白系露人六名、日満人各一名を上陸させた。

上陸者は測量工事の執行に着手した。そして同島にいたソ連人民に対して、黒龍江の島はあたかもすべて満洲国に移譲され、かつ上陸一団は彼等全員を逮捕すべき指令を有する旨声明した。

九月十四日のボリショイ島におけるソ連人の抑留の時も、同一団は上記諸島の占有を決定する満洲国官憲の当該指令を有する旨声明した。

（五）同年九月十八日センヌハ島に約一〇〇名から成る満洲人の大集団が上陸し、島内において大規模な金の洗鉱に着手した[71]。

ライヴィドは、満洲国側の国境侵犯の例はこれだけではないが、右記案件は「極めて重大なる意義を有する」事例だとして、施特派員に対して「深甚なる注意」の喚起を促した。そして、満洲国官憲による公然たる占領は「極めて深大なる不安を醸成」することから、原状回復のために満洲国側が「緊急なる手段を採用」するべきだと要請した。(72)

この時ライヴィドが当該諸島をソ連領と認識している根拠としたのが、北京条約の附属地図であった。ライヴィドは、満洲国政府には北京条約をはじめとする諸条約、協定を正確に履行する義務があるとした上で、乾岔子島、金阿穆河島、マールイ島がソ連に帰属することは明白であり、国境の不法侵犯は疑いの余地がないと声明した。(73)

満洲国が清から北京条約を引き継ぎ履行する義務があるとする根拠は、一九三二年三月一日の「建国宣言」にある。その中で満洲国は「中華民国以前各国ト定ムル所ノ条約、債務ノ満蒙新国領土以内ニ属スルモノハ、皆国際慣例ニ照シ継続承認(74)」することを宣布しており、北京条約もこれに該当する。

また日本も一九三二年三月十二日に閣議決定した「満蒙新国家成立ニ伴フ対外関係処理要綱」の中で、「新国家ト帝国及第三国トノ関係ニ関シテハ新国家ヲシテ既存条約尊重ノ建前ヲ執ラシムル(75)」として、満洲国が第三国と関係する既存条約を引き継ぐことを認めていた。

さらにライヴィドは、国境における治安保障のために、満洲国政府が当該諸官憲に対して、将来において同様の行動を許さないことと、国境侵犯ないし国境における事態を紛糾させる事件を惹起しようとする者を処罰するべきとも主張した。そして、それらの手段を講じなかった場合、この種の国境侵犯によって起こり得るあらゆる結果に対する全責任は、満洲国政府が負うべきであると警告した。(76)

この時のライヴィドの抗議は、過去の同様の抗議や交渉を振り返ることなく、北京条約の附属地図の存在を明らかにしながら当該諸島の領有を主張しているため、おそらく乾岔子島をめぐってソ連が満洲国に外交的抗議を行った最初の出来事だったと考えられる。

次に確認できる記録は、一九三五年四月一日に哈爾浜のソ連総領事館から北満特派員公署に提出された覚書である。この時もソ連側は、満洲国住民によるソ連領ボリショイ島（金阿穆河島）への数回にわたる不法侵入について抗議した。ソ連側が指摘した内容の要旨は、次のとおりである。

（一）一九三五年二月二十五日、六名が同島に上陸し柳枝の伐採を行った。
（二）同年二月二十七日、同一団は荷馬車四両を擁して該島に現れ、土房を築造し柳枝の伐採を続行した。
（三）同年三月一日も同島に数名の満人を確認した。
（四）同年三月三日、一九名が荷馬車三両を伴って現れた。
（五）同年三月十五日、七名が同島河岸において金の洗鉱を行った。(77)

また、この時ソ連側は満洲国住民の該島に対する不法侵入に関しては、前述のとおり一九三四年十月一日にライヴィドが抗議を行ったが、遺憾ながら満洲国側からの不法侵犯は続いていると声明した。(78)

こうした記録から、乾岔子島及び金阿穆河島は乾岔子島事件まで何ら問題のなかった島ではなく、満ソ間の外交問題として取り上げられていた懸案の島だったといえる。

日本軍の精神教育

軍紀風紀の維持対策の発展

熊谷　光久著

日本陸海軍の精神教育の実態と刑罰・懲罰の制度に鋭く迫る

精神面に関する施策がどのように行われ、変遷したか、その功罪は何か。精神教育と技術教育の関係はどのようなものとして考えられていたのか。組織と個人のかかわりを内側から探る。

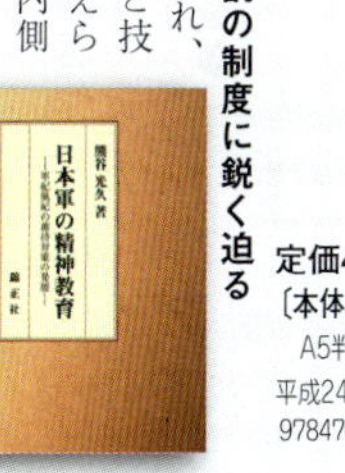

定価4,180円
〔本体3,800円〕
A5判・386頁
平成24年3月発行
9784764603356

砲・工兵の日露戦争

戦訓と制度改革にみる白兵主義と火力主義の相克

小数賀　良二著

日本陸軍は、日露戦争で何を学んだのか？

日露戦争を経て白兵主義が台頭していくなか、砲・工兵はどのような戦訓を得て、どのような改革を実行したのか。世界的な軍事動向から日本陸軍の状況を解明する。

定価4,620円
〔本体4,200円〕
A5判・320頁
平成28年2月発行
9784764603400

日ソ張鼓峯事件史

笠原　孝太著

初めてソ連側の重要史料を駆使して、日ソ双方の視点を交錯させつつまとめあげた力作（秦郁彦氏推薦）

日本側史料により、ソ連軍の勝利に終わり日本軍は近代戦の洗礼を受けた戦いと認識されてきた張鼓峯事件を、ロシア側史料・研究成果と比較し、再評価・検証した画期的研究書。

定価3,300円
〔本体3,000円〕
A5判・200頁
平成27年8月発行
9784764603424

民防空政策における国民保護

防空から防災へ

大井　昌靖著

焼夷弾火災に対する敢闘精神とバケツリレーに象徴される防空法は悪法だったのか？

防空法を消防・防火の失敗だけで評価することが妥当なのか？　民防空の国民保護政策としての歴史的意義を検証し、今日の防災へと繋がる教訓を明らかにする。

定価5,280円
〔本体4,800円〕
A5判・344頁
平成28年10月発行
9784764603455

中国海軍と近代日中関係

馮　青著

日中関係史の中で中国海軍の発展と諸問題を考察する

近代日中関係に中国海軍が果たした役割は何か。海軍の視角からどのような近代日中関係史・東アジア国際関係史像を描くことができるか。日中のみならず諸外国の史料をも駆使し、実証的かつ客観的に考察する。

定価3,740円
〔本体3,400円〕
A5判・264頁
平成23年11月発行
9784764603349

ケネディとベトナム戦争

反乱鎮圧戦略の挫折

松岡　完著

ベトナム戦争に軍事史的側面から迫る

ゲリラ戦争という名の脅威に挑みながら、具体的な対応をめぐる政権内部の軋轢、南ベトナムとの摩擦などに直面した若き大統領がもがき苦しんだものとは？

定価7,480円
〔本体6,800円〕
A5判・560頁
平成25年2月発行
9784764603363

明治維新と陸軍創設

淺川　道夫著

陸軍建設にまつわる諸課題を実証的に検証

維新政府の陸軍建設というテーマに、直轄諸隊・対藩兵政策・用兵思想・軍紀形成・兵器統一などの問題毎に章立てをおこない、多角的かつ実証的にアプローチし、維新政府による建軍構想の枠組みを明らかにする。

定価3,740円
〔本体3,400円〕
A5判・320頁
平成25年5月発行
9784764603370

江戸湾海防史

淺川　道夫著

幕末の江戸湾海防政策の変遷を軍事史の観点から考察

江戸湾の海防は、当時の国際関係の中で、幕藩体制を維持しようとする幕府にとって最重要課題の一つだった。台場建設から明治維新まで半世紀以上続いた幕藩体制下の江戸湾海防の変遷を軍事史の観点から考察する。

定価3,080円
〔本体2,800円〕
A5判・216頁
平成22年11月発行
9784764603325

お台場　品川台場の設計・構造・機能

淺川　道夫著

日本初の海中土木構造物「品川台場」築城の歴史

「品川台場」の設計・配列・諸施設の構造等について、西洋築城術がどのような形で反映されているのか？　台場築造に用いたオランダの築城書を個々に探究し、日本側の史

定価3,080円
〔本体2,800円〕
A5判・216頁
平成21年6月発行
9784764603288

日本の軍事革命

久保田　正志著

ジェフリー・パーカーの「軍事革命」論は日本にも当てはまるのか？

鉄炮の伝来・普及に端を発した日本の軍事上の変革が戦国時代から近世初期にかけての社会制度にどのような影響をもたらしたか。西欧との比較から戦国時代の特性を炙り出す。

定価3,740円
〔本体3,400円〕
A5判・280頁
平成20年12月発行
9784764603271

元寇役の回顧　紀念碑建設史料

太田　弘毅編著

元寇紀念碑建設運動と護国運動に史料面から光を当てた貴重な一冊

元寇紀念碑建設運動を推進し、後半生を捧げた湯地丈雄。その運動を助けた矢田一嘯画伯や佐野前励師。彼らや元寇紀念碑建設に関連する絵画・伝記・音楽等の史料を収録。

定価7,480円
〔本体6,800円〕
A5判・366頁
平成21年11月発行
9784764603301

明治期国土防衛史

原　剛著　《錦正社史学叢書》

明治初期から日露戦争までの国土防衛史を繙く

明治期、国土防衛のために陸海軍がどのように建設され、要塞等の防衛施設がどのように建造されたか。日清・日露戦争の戦争間、国土防衛のための作戦計画はどのように策定されたか。研究の空白を埋める貴重な研究。実地調査を基に記録された貴重な

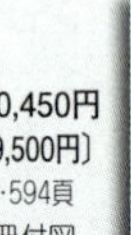

定価10,450円
〔本体9,500円〕
A5判・594頁
＋別冊付図
平成14年2月発行
9784764603141

註

(1) 道尹とは、中華民国の地方長官のこと(同盟通信社「乾岔子事件」(『同盟旬報』第一巻第二号、一九三七年)二一頁)。

(2) 日蘇通信社編『蘇聯邦年鑑　一九三九年版』(日蘇通信社、一九三九年)(日満支ソ関係の部)四八頁。満洲国史編纂刊行会編『満洲国史　各論』(満蒙同胞援護会、一九七一年)八七八頁(以下、『満洲国史　各論』)。

(3) 『満洲国史　各論』八七八頁。『外交時報』(第七一巻第一号、一九三四年)二〇八頁。

『外交時報』では「一九二二年に決定された国境河船水路航行章程」と紹介されているが、一九二三年の誤りと思われる。「島田文書」(101・乾岔子事件記事)(東京大学社会科学研究所図書室所蔵)(以下、「島田文書101」)通し番号一五五(以下、史料左上に記載の番号を通し番号として漢数字で表記)では、一九二二年から中ソ間で旧協定の交渉が開始されたとあり、交渉開始時期と混同したのかもしれない。

(4) 『満洲国史　各論』三五一頁、八七八頁。「島田文書101」一五五。

(5) 大路浩村「第二次満ソ水路会議」(『東洋』第三十九年六月号、一九三六年、国立国会図書館所蔵、書誌ID: 000000016885)一七一頁。

水路会議開始のきっかけについては『満洲国史　各論』八七八頁に、「一九三三年に入り駐黒河ソ連領事より満洲国に対し、ソ支間の航行章程の改訂協議を黒河で催したき旨提議があった」と、ソ連側提案だったとする記述も確認できる。

(6) 『外交時報』(第六八巻第三号、一九三三年)二〇八頁。

(7) 松本和久「満洲事変期における中ソ不可侵条約の提起と挫折――『満洲国の承認』をめぐる確執――」(『東洋学報』第九七巻第二号、二〇一五年)三四―三五頁。一又正雄「満洲帝国の国際法上の地位」(『早稲田法学』第二一巻、一九四二年)一七頁。

(8) 松本和久「初期満ソ国境紛争の発生と展開(1935-1937)――国境委員会設置交渉から武力処理思想へ――」(『境界研究』No.8、二〇一八年)四七頁。

(9) 「島田文書101」一五五―一五六。

(10) 『外交時報』(第六八巻第五号、一九三三年)一九〇―一九一頁。『東洋』(第三十九年六月号)一七一頁。

(11) 『東洋』(第三十九年六月号)一七一頁。

(12) 「島田文書101」一五六。『外交時報』(第七一巻第一号)二〇八頁。

(13) 「島田文書101」一五六―一五七。『外交時報』(第七一巻第一号)二〇八頁。

(14) 『外交時報』(第七一巻第二号、一九三四年)二〇八頁。『国際知識』(第十四巻第八号、一九三四年、国立国会図書館所蔵、書誌 ID: 00000008361））一二二頁。

（15）「満蘇水路会議に於ける書類送付の件」JACAR（アジア歴史資料センター）Ref. C01003024900（第5・10・13画像目）、昭和9年「陸満密綴 第17号」自昭和9年9月13日 至昭和9年10月11日（防衛省防衛研究所）（以下、JACAR: C01003024900）。『満洲国史　各論』八七八頁。

ソ連側委員の氏名は文献によって異なるため、本書では右記アジア歴史資料センター所蔵史料の中で署名が確認できる三名を主要委員として記載した。三名の職名は筆者試訳。なお、右記『満洲国史　各論』では、ソ連側委員のボーチェクを〝ボーチョク〟と表記しているが、右記アジア歴史資料センターの一次史料にあるロシア語表記名を優先してボーチェクと表記した。

（16）「島田文書101」一五六―一五七（文体を現代語に変換して要旨を表記した）。

（17）『外交時報』（第七一巻第二号）二〇八―二〇九頁。

（18）同右、二〇九頁。ただし、同文献の開催日は誤っているため、『国際知識』（第十四巻第八号）一二三頁及び馬場秀夫「満露水路会議の重要性」（『外交時報』第七一巻第四号、一九三四年）一六八頁を参照の上、修正して引用した。

（19）『外交時報』（第七一巻第三号、一九三四年）一九七頁。

（20）同右、一九七―一九八頁。『国際知識』（第十四巻第八号）一二三頁。

（21）『外交時報』（第七二巻第一号）三七八頁。『満洲国史　各論』八七八頁。外務省欧亜局第一課『日「ソ」交渉史』（巌南堂書店、一九四二年）三八五頁。

なお、「島田文書101」一五六によれば、満ソ水路協定の締結までに正式会議一六回、非公式会議一三回を重ねたとあるが、全貌は確認できない。

（22）満洲事情案内所編『黒龍江「附」烏蘇里江』（満洲事情案内所、一九三六年）一七―一八頁。協定の前文の位置は、JACAR: C01003024900（第6画像目）を参照して調整した。

（23）『満洲国史　各論』八七九頁。「島田文書101」一五七。

（24）『満洲国史　各論』八七八頁。

（25）**Известия No. 209, 5 сентября 1934.**（筆者試訳）。

（26）満洲国とソ連にはその後も国境問題は残るが、『満洲国史　各論』八七九頁によれば、少なくとも満洲国は初めての満ソ協定である水路協定の締結をもって、ソ連が事実上の国家承認をしたと判断していたようである。

(27)「島田文書101」一五八―一五九。
(28)『東京朝日新聞』（一九三七年六月二十七日、朝刊）。外務省情報部「乾岔子島事件と満蘇国境問題」（『週報』第三九号、一九三七年）一九頁、二二頁。
(29)外務省情報部「乾岔子島事件と満蘇国境問題」二二頁。
(30)「島田文書101」一五七。
(31)同右、一五八（文体を現代語に変換して要旨を表記した）。
(32)水路協定第二条に則り、以降「主席委員」ではなく「委員長」と表記する。
(33)『満洲国史　各論』八七九頁。パヴェル・ガヴリロヴィチ・ムホネンコ（Павел Гаврилович Мухоненко）については、Жертвы политического террора в СССР〈https://lists.memo.ru/index13.htm〉（二〇二五年一月四日最終閲覧）を参照（Мухоненко で検索すること）。
(34)「島田文書101」一五八。
(35)外務省欧亜局第一課『日「ソ」交渉史』三八五―三八六頁。
(36)「島田文書101」一五八―一五九。
(37)同右、一五九―一六〇。
(38)同右、一五九。
(39)『満洲国史　各論』八七九頁。
(40)「島田文書101」一六六。
(41)『満洲国史　各論』八七九頁。
(42)『外交時報』（第七九巻第四号、一九三六年）一九〇頁。同資料では「堀内武次郎」となっているが、JACAR: C01003024900（第2画像目）を参照して「堀内竹次郎」に修正した。他三名の委員は、哈爾浜航政局嘱託朝比奈秀雄、黒河航政局分局長小林淑人、技師大芝獅郎である。
(43)外務省欧亜局第一課『日「ソ」交渉史』三八六頁。日蘇通信社編『蘇聯邦年鑑　一九三九年版』（日満支ソ関係の部）四八頁。『外交時報』（第七九巻第一号）二一七頁。「島田文書101」一六〇。
(44)「島田文書101」一六〇―一六一。
(45)同右、一六一。『外交時報』（第七九巻第四号）一九一頁。

なお、松本於菟男編『康徳四年版　満洲国現勢』（満洲弘報協会、一九三七年）六八頁では、第二次共同技術委員会の決裂日を七月二十二日としている。

（46）『外交時報』（第七九巻第一号、一九三六年）二一七頁。

（47）「島田文書101」一六二。

（48）同盟通信社「乾岔子不法占拠」（『同盟旬報』第一巻第一号、一九三七年）四〇頁。大路浩村「日ソ軍衝突事件」（『東洋』第四十年八月号、一九三七年）一五六頁。

（49）「島田文書101」一六二―一六三。

（50）同右、一六三。

（51）同右、一六七。

（52）同右、一六七―一六八。

（53）同右、一六八。

（54）同右。

（55）同右、一〇四。

なお、「島田文書101」では五月十三日にソ連の協定破棄通告を接受したと記されているが、どの組織・機関が接受したかは不明である。『東京朝日新聞』（一九三七年五月十六日、朝刊）の報道及び『東洋』（第四十年六月号、一九三七年）一〇〇頁では、満洲国外交部に破棄通告が達したのは五月十四日となっているため、満洲国側委員長の接受が五月十三日だったと思われる。

（56）「島田文書101」六九。『外交時報』（第八二巻第六号、一九三七年）一八一―一八二頁（ソ連の協定破棄通告の要旨は、筆者が右引用文献二つを照らし合わせ、文体を現代語に変換して要旨を表記した）。

（57）『外交時報』（第八二巻第六号）一八二頁。

（58）『満洲国史　各論』三五一頁。

水路協定の失効日については、同協定第九条で定められている「三ヶ月の予告を以て」の廃棄を文言どおり解釈すると、ソ連の廃棄通告は四月三十日だったため、七月三十日に廃棄が成立することになる。しかし『満洲国　各論』三五一頁には「七月末日をもって失効した」と明記されている。当時の満ソが「三ヶ月」を四月末日から七月末日という意味で解釈していた可能性もあるため、出典どおり「七月末日」と表記した。

（59）「水路会議廃棄通告に対する処置の件」JACAR（アジア歴史資料センター）Ref. C01003263400（第5画像目）、昭和12年「満受大日記（密）」（防衛省防衛研究所）。

（60）「島田文書101」一〇四。

（61）同右、一六三―一六四。

（62）田村俊夫「満州国江防艦隊始末記（下）」（『世界の艦船』No.104、一九六六年）五四―五五頁。

（63）「島田文書101」一六四。

（64）同右、一六四―一六五（地名統一の上、文体を現代語に変換して要旨を表記した）。

（65）当時の満洲国外交部大臣は張景恵で、国務総理大臣と兼任だった（『東洋』（第四十年六月号）九八頁）。

（66）「島田文書101」一六五―一六六（文体を現代語に変換して要旨を表記した）。

（67）同右、一〇五。宇治田直義編『満蘇国境紛争事件の全貌』（東亜同文会、一九三七年）一〇頁。

（68）外務省情報部「乾岔子島事件と満蘇国境問題」二二頁。

（69）同右。

（70）ニコライ・ヤコヴレヴィチ・ライヴィド（Николай Яковлевич Райвид：一八九七―一九三七年）〔Жертвы политического террора в СССР 〈https://lists.memo.ru/index17.htm〉（二〇二五年一月四日最終閲覧）（Райвид で検索すること）〕。

（71）「島田文書101」一四五―一四七。

（72）同右、一四八（「　」内はカタカナを平仮名に変換した）。

（73）同右、一四九。

（74）「2．満洲国建国宣言」JACAR（アジア歴史資料センター）Ref. B02030709100（第4・5画像目）、帝国ノ対満蒙政策関係一件（満洲事変後ニ関スルモノヲ収ム）（A-1-2-0-2）（外務省外交史料館）。

（75）稲葉正夫・小林龍夫・島田俊彦・角田順編『太平洋戦争への道　別巻　資料編』（朝日新聞社、一九六三年）一七九頁。

（76）「島田文書101」一五〇。

（77）同右、一四四―一四五。

（78）同右、一四五。

第三章　乾岔子島事件の経緯

一　乾岔子島事件の勃発

（一）　石川軍治中尉が認めた異変

乾岔子島事件が勃発した当時の満洲国北部では、三原鼎中佐を長とする黒河防衛隊が要衝である黒河を中心に、漠河から仏山までの黒龍江（アムール川）に沿った長い国境線の警備にあたっていた。

この黒河防衛隊は、一九三六年五月の渡満以来黒河に駐屯していた第一師団第四九連隊の第三大隊を主力とし

図18　三原　鼎
写真は1936年北安到着時の様子。
出典：甲府聯隊写真集刊行委員会編『甲府聯隊写真集』（国書刊行会、1978年）88頁（以下、『甲府聯隊写真集』）。

て、砲兵と工兵各一個中隊及び満洲国軍（以下、満軍）の国境監視隊によって構成されていた。三原隊長は第四九連隊の連隊付中佐で、特命を受けて派遣され、部隊の指揮を執っていた(1)。

黒龍江沿岸には黒河防衛隊の望楼がいくつも設置され、その上で七五倍の角型望遠鏡を使ってソ連側の動きを二四時間体制で監視していた(2)。また、黒河には、哈爾浜にあった江防艦隊司令部の黒河支部（弁務所）が置かれており、支部長の第四九連隊第十一中隊の中村矩男少尉を中心として、黒龍江を上下する船舶への警乗、輸送の確保、対岸のソ連領の情報収集などを行っていた(3)。

当時、黒龍江の黒河より下流の地域で向岸監視の任務にあたっていたのは

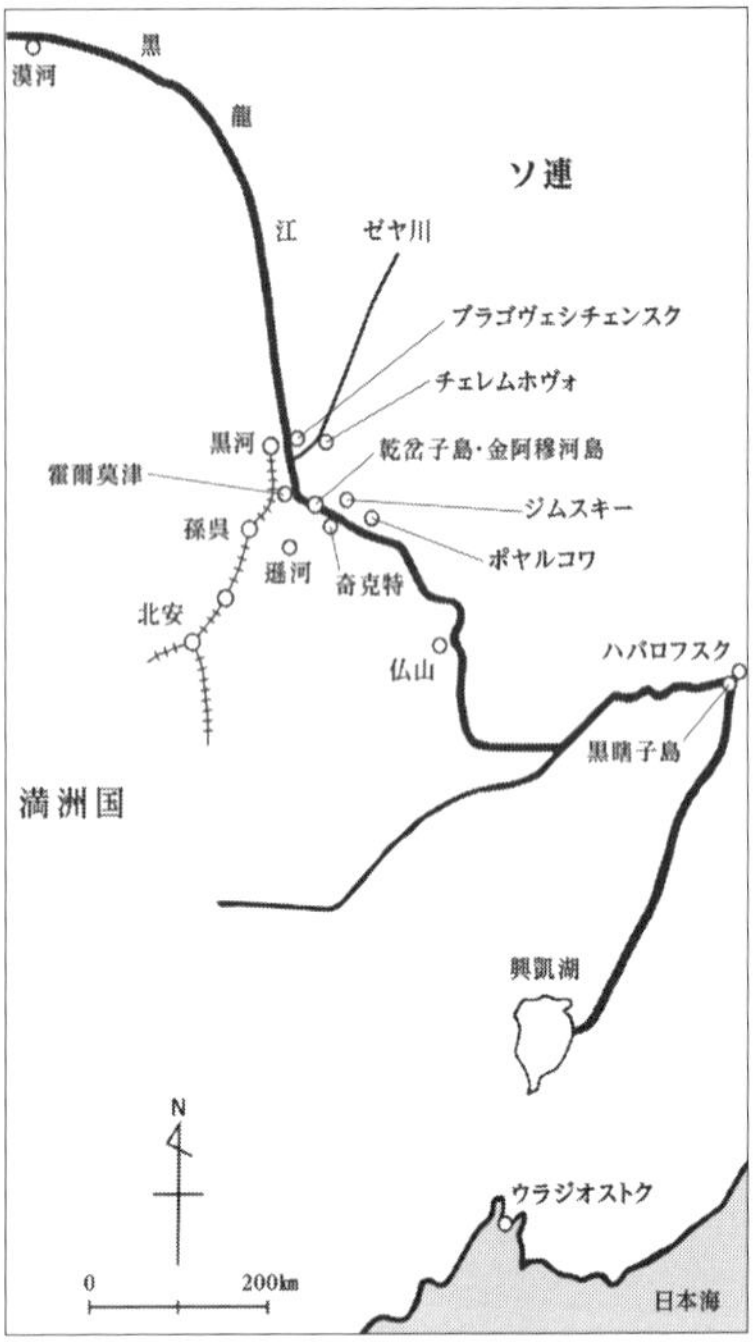

図19　乾岔子島を中心にした周辺要図
出典：防衛庁防衛研修所戦史室『戦史叢書 27　関東軍〈1〉　対ソ戦備・ノモンハン事件』（朝雲新聞社、1969年）225 頁、307 頁を基に筆者作成。

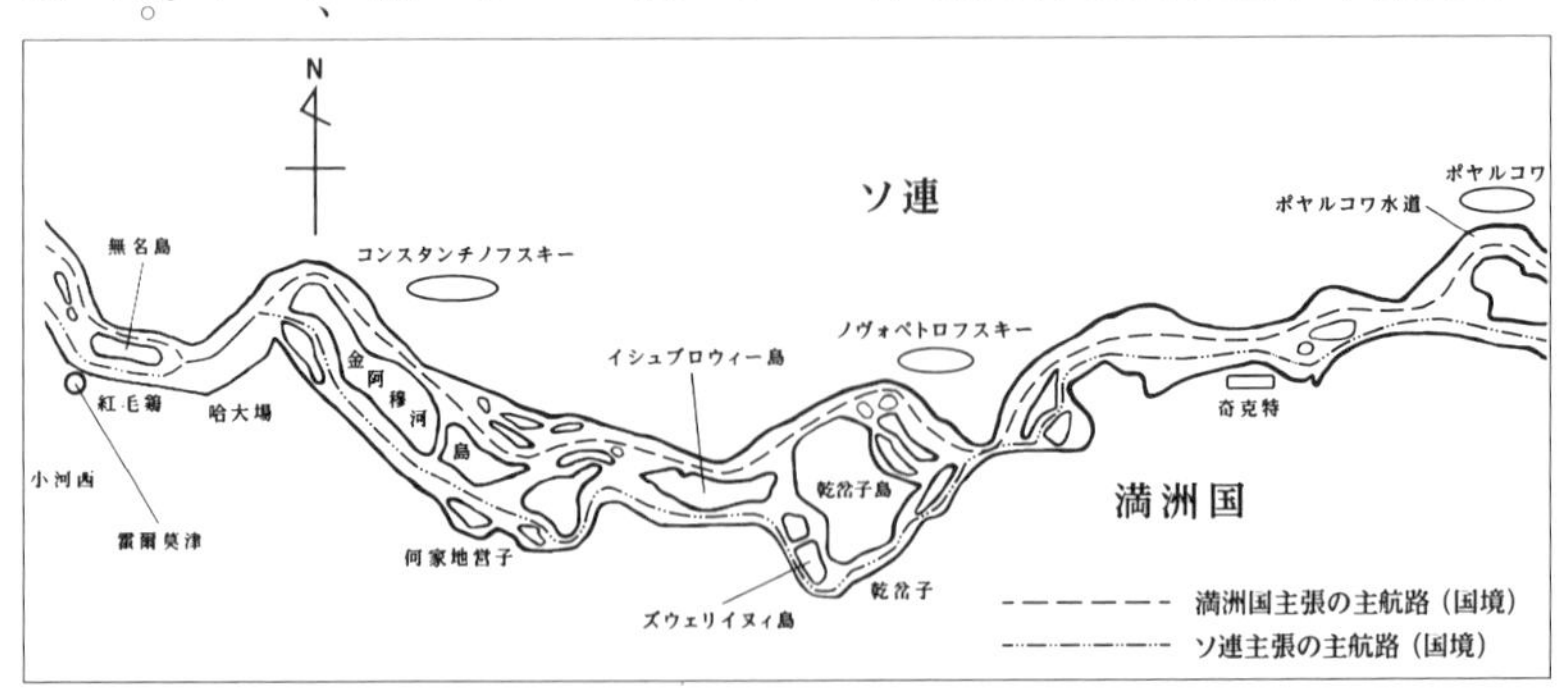

図 20　満洲国とソ連の国境線認識要図
出典：「島田文書」（101. 乾岔子事件記事）通し番号 152（東京大学社会科学研究所図書室所蔵）を基に筆者作成。

石川軍治中尉で、関東軍司令部から「対岸のソ連情報を収集すべし」との命令を受けて、一九三六年九月から国境地帯で情報収集を行っていた。黒龍江は毎年十月頃には凍りはじめ、四月頃から解氷がはじまり、五月中旬にはおびただしい流氷となって下流に動き出す。開江後の黒龍江には定期船や貨物船が行き交い、満洲国側から対岸にハンカチを振るとソ連の子供が手を振って返すなど、のどかな風景がみられた一方で、冬の結氷期を迎えると満洲国とソ連は事実上地続きになり緊張していた。したがって毎年結氷とともに緊張が高まり、解氷によって緊張が解れるということを繰り返していた(4)。

図21　黒龍江からみるブラゴヴェシチェンスク
出典：森口誠「黒龍江中流黒河・同江間写真帳(1)」(1940年、北海道大学附属図書館北方資料室所蔵)。

図22　黒龍江からみるコンスタンチノフスキー
左側に新築中の国境監視塔がみえる。
出典：森口誠「黒龍江中流黒河・同江間写真帳(2)」(1940年、北海道大学附属図書館北方資料室所蔵)。

図23　黒龍江からみるポヤルコワの遠望
出典：同上。

図24　黒河防衛隊本部
出典：『甲府聯隊写真集』99頁。

図 25　黒龍江上のソ連の汽船
出典：『大典観艦式記念　江防艦隊写真帖』(1935 年、非売品、北海道大学附属図書館北方資料室所蔵)。

図 26　冬の氷結した黒龍江の様子
左上には「冬眠の汽船」の文字がある。
出典：軍事郵便の郵便はがき（ポストカード)。

しかし一九三七年の解氷期は、例年にない高い緊張状態にあった。対岸のソ連国境警備隊の巡察回数が増え、警備艇の動きが集団的な動きに変化するなど、ソ連側の警備が急に厳重になった。奇克特に駐在しながら向岸監視を続けていた石川中尉は、この変化に警戒を強め、これまで以上にソ連側の動きを注視していた(5)。

これらは一見してソ連による乾岔子島占領への準備のように捉えられるが、実際はソ連側が不当に封鎖した黒龍江のポヤルコワ水道を一九三七年五月三十一日に江防艦隊の砲艦二隻が強行突破したことによる反応だった。ポヤルコワ水道の突破を受けて、ソ連では国境全線の艦隊に総動員令が下され待機させられており(6)、石川中尉が認めたソ連側の慌ただしい様子は、乾岔子島占領への準備ではなく、ポヤルコワ水道突破に対するソ連の警戒強化の動きだった。

奇　克　特

図 27　奇克特の様子
出典：『満洲グラフ』（第 4 巻第 11 号、1936 年）（出典元に頁なし）。

この時、情報収集を実施するため、ソ連領内を遠望できる奇克特の東方約一里（約三・九km）に位置する小高い丘である奇克特山（通称、東山）に登った石川中尉は、ジムスキーやポヤルコワなどの町々を結んでいる軍用道路を、砂塵をあげて移動する軍隊の動きと、奥地のミハイロフカ方面から軍隊が続々と国境線に集結している様子を確認した（図 9 参照〈三三頁〉）。さらに、ポヤルコワの横に大きな飛行場が完成していることも判明した。石川中尉はこれらの情報を三原黒河防衛隊長と黒河特務機関（機関長：小松原道男）へ報告した[7]。そして、さらなる情報収集のため、満服を着て江岸を歩いたり背広を着て定期船に乗ったりしながら、ソ連側の動きを注視していた[8]。

日頃から向岸監視を行っていた石川中尉は、後年これらの動きについて「ちょっと何かあるんじゃないかという気がしましたですね[9]」と証言しており、その後の日ソ武力衝突を懸念していた。

（二）　ソ連国境警備兵の上陸

一九三七年六月十九日午前四時、ソ連国境警備兵約二〇名が乾岔子島に上陸して、同島に設置されていた航路標識

図28　河村恭輔（1936年撮影）
提供：朝日新聞社。

第168号を打ち倒した上、満洲国職員である航路標識点火夫の宿舎に侵入し、点火夫を島にいた採金夫とともに追放した。さらに午前十一時頃には、乾岔子島の上流に位置する金阿穆河島にも二〇から四〇名のソ連国境警備兵が上陸し、採金夫約四〇名を追放した上、その一部を拉致した[10]。

乾岔子島への上陸については、朝のうちに満軍国境監視隊の松下利治満軍少尉から、奇克特で情報収集を行っていた石川中尉のもとに一報がもたらされた。一連の上陸は、満洲国の立場からみると国境侵犯と領土の不法占領であったため、当時の情勢からして成り行き次第では日ソ戦争の口火になりかねないとの懸念があった[11]。

事の重大性から石川中尉は、黒河防衛隊に電話を入れて三原隊長に報告後、黒河特務機関にも連絡した。報告を終えた石川中尉は、自らの目で状況を確認するため満服のまま馬に跨り、松下満軍少尉とともに奇克特から乾岔子までの約二〇kmの距離を移動した。昼過ぎに乾岔子の集落に到着すると、現地には既に満軍国境監視隊の一個中隊ほどが江岸警備を実施していた。石川中尉が状況を確認するも、監視隊長も松下満軍少尉の報告程度しか情報を持ち合わせていなかったため、自ら江岸に出て双眼鏡で乾岔子島を覗いてみた。しかし島の柳林と生い茂る草が目に入るばかりで、ソ連国境警備兵の姿を確認することはできなかった[12]。

一方、石川中尉から第一報を受けた黒河防衛隊の三原隊長は、直ちに副官の岡村正義中尉に状況偵察を命じた。岡村中尉は満服に着替え定期船に乗りこみ、船の中から乾岔子島を偵察した。すると江岸からはみえなかったソ連国境警備兵の姿を確認することができ、島の北岸では洗濯をしている国境警備兵の姿も確認できた[13]。

岡村中尉から偵察結果を受けた三原隊長は、ソ連国境警備兵の排除を決意し、すぐに斉斉哈爾（チチハル）の第一師団司令部に電話して、乾岔子島内のソ連国境警備兵の排除について許可を求めた。この時、河村恭輔師団長（中将）が攻撃を許可した記録はなく、実際に行われていない。同日、三原隊長が岡村中尉を飛行機で斉斉哈爾に派遣し、偵察結果を直接河村師団長に報告させていることから、河村師団長は攻撃よりもまず情報収集を優先したようである。(14)

乾岔子島事件での情報収集では、黒河に配置されていた関東軍参謀部第二課別班（長：大久保俊次郎中佐）の黒河出張所長・小原豊大尉の活躍があった。黒河出張所は、黒河特務機関の掩蔽のもと独立した家屋を拠点として構えており、中では所長以下一〇名が日頃から私服で勤務していた。ここでは通訳、通信手を揃えてソ連の暗号を傍受・解読しながら、アムール州方面のソ連軍の情報を収集していた。(15)

小原所長は事件が勃発した当日に、自らソ連の暗号通信を解読し、次の二つの重要情報を新京の関東軍司令部に報告した。

1、現地のソ軍部隊は国境警備隊及アムール艦隊のみにして武市（ブラゴヴェシチェンスク市：引用者註）駐屯第五六国境警備隊長（ゲオルギー・クリノフスキー（Г. А. Клиновский）大佐(16)：引用者註）（中略）これを指揮しあるも赤軍及赤空軍は出動しあらざること

2、敵の企図は不明あるも現地部隊独断の行動と見らる、節多きこと(17)

つまり関東軍は事件発生当日に、今回の上陸が現地部隊の独断であり、背後に赤軍の動きがないとの情報に接していたことになる。現地部隊の独断であれば、今回の上陸はポヤルコワ水道の強行突破の延長線上にある局地的な行動だった可能性が高いように思われる。

一方、現地では六月二十日に奇克特の満軍国境監視隊が、現地調査のため乾岔子島に赴くことになった。松下満軍少尉以下一四名と、粕谷指導官（名、階級不明）以下三名の計一七名で編成された満軍調査隊は、乾岔子を出発し午前三時四十分に乾岔子島に上陸した[18]。

島内を隅々まで捜索するもソ連国境警備兵を発見できなかったが、午前六時に満軍調査隊が島北端に到達すると、ソ連の砲艇一隻と警備艇一隻が接近して来て、警備艇が約五〇mの距離から機関銃射撃を開始した。この間に砲艇から二〇名のソ連国境警備兵が上陸、散開して満軍調査隊に攻撃を開始した。これに満軍調査隊が応戦したため、乾岔子島内でソ連国境警備隊と交戦状態に陥った。約一時間の交戦の後、江上のソ連警備艇が満軍調査隊の側背面に迫ったため、同隊はやむなく後退し乾岔子島から撤退した。満軍調査隊の撤退後は乾岔子島、金阿穆河島に加え、イシュブロウィー島にもそれぞれ二〇乃至六〇名のソ連国境警備兵の上陸が確認された[19]（図20参照〈七二頁〉）。

河村師団長は、事件勃発以来情報を収集した結果、赤軍に動きがないだけでなく当該地域の赤軍が手薄になっていることも把握した。当時、乾岔子島の正面向こう岸には、ソ連の第六九狙撃師団（チェレムホヴォ駐屯）と第十二狙撃師団（ブラゴヴェシチェンスク駐屯）の二個師団が配置されていたが、この時これら二個狙撃師団の大部分が夏季恒例の野営訓練のため、国境から約五〇㎞も奥地にいるとの情報を得た[20]。該地担当の狙撃師団が野営訓練に出払っているという情報は、小原所長の現地国境警備隊の独断上陸という報告を裏付けるものである。

また、乾岔子島不法占領直前の六月十一日には、ソ連ではミハイル・トゥハチェフスキー（M. H. Тухачевский）元帥以下八名の軍人に死刑判決が下され、直後に銃殺される粛清も起きており、粛清による混乱の影響で乾岔子島をきっかけに赤軍が満洲国に全面攻撃を行う可能性は低いとの分析もあった[21]。

二　乾岔子島奪回作戦

（一）　乾岔子島奪回作戦の決定

ソ連国境警備兵が上陸した六月十九日、関東軍参謀長だった東條英機（中将）は東京に赴いており不在だった[22]。東條は、この年の三月に板垣征四郎（中将）の後任として軍参謀長に着任したばかりであった[23]。

六月十九日、関東軍参謀部第一課（［作戦］。以下、作戦課）では、作戦参謀らがたとえ軍司令部内であってもその企図が漏洩しないように、一度定刻で退庁して日没後に密かに再当庁し、三階の作戦室のブラインドを締め切って、汗を拭きながら事態の研究を重ねていた[24]。

六月二十日、関東軍作戦課は軍の剣術大会のため新京に出張で来ていた第一師団の豊嶋房太郎参謀長（大佐）を密かに作戦室に招き入れ、綾部橘樹作戦主任（中佐）以下数名で、第一師団の現況や兵団の希望などを詳しく聴取した。そして東條参謀長の帰庁を待ってその決断を受け、敏速に事を処理する準備を進めていた[25]。

六月二十一日、東條参謀長は船で復路の大連に到着した。状況の報告のため派遣された中山貞武作戦課参謀（少佐）は、大連で東條参謀長を出迎えてともに汽車に乗り、車中で乾岔子島の件について詳細な報告を行った[26]。

六月二十二日、植田謙吉関東軍司令官（大将）は一連の事態について、帰庁した東條参謀長電をもって、次のとおり中央に報告させた。(27)

十九日「ボルショイ（マヽ）」島ニ「ソ」兵上陸シ採金作業中ノ満人苦力四十名ニ退去ヲ要求シ其ノ一部ハ拉致セラレ同日「センマハ（マヽ）」島ニ於テ「ソ」兵約二十名進入シ並ニ二十日朝満軍ノ一部（兵力十七名）「カンチャズ」北方ニ於テ「ソ」軍砲艦ト交戦ス(28)

そして、関東軍は軍が本来負っている国境防衛の任務上の当然の措置として、上陸ソ連国境警備兵への反撃と国境線回復のための諸準備を開始した。(29)同日、植田司令官は、河村師団長に対して「有力な一部を現地に派遣するよう」命じ、満洲国外交部を通じて哈爾浜のソ連総領事に抗議を行う措置を取った。(30)ノモンハン事件での強硬姿勢の印象が強い植田司令官だが、この時はまだ「満『ソ』国境紛争処理要綱」が存在していなかったこともあり、一報を受けて直ちに武力行使を命じるのではなく、失地回復のための諸準備を備えながらも中央の指示を仰ぎ、外交を並行する丁寧な対応で紛争を処理しようとしていた。

六月二十四日、参謀本部は今井清次長（中将）電をもって、関東軍の東條参謀長に対して次のとおり回答した。

満洲領タル事明確ナル領土ガ「ソ」兵ニ依ツテ不法占有セラルヽ、時ハ我ガ将来作戦ニ及ス影響重大ナル考ヘニ付今後共機宜ノ処置ニ依リ旧態保持ニ努メラレム事ヲ要望ス(31)（傍線：引用者）

中央からの回答を受けた関東軍は、第一師団による武力奪回を決意し、その意見具申のため今村均参謀副長（少将）を中央に派遣した[32]。そして次長電の要望に応えるため、第一師団に出動の準備をさせた。また、飛行第十一連隊主力（戦闘四個中隊）及び同第十連隊（軽爆三個中隊）の一個中隊を、極秘の内に北安飛行場に展開させて事態の急転に備えた[33]。

河村師団長は六月二十四日「一師作命甲第一一八号」を下達し、三原黒河防衛隊長に自ら現地方面に出動して、北安から派遣する部隊を二十五日の朝に孫呉で受領するように命じた。また、これを指揮してなるべく速やかに乾岔子島を奇襲し、ソ連国境警備兵を撃退することも命じた[34]。こうして第一師団隷下部隊の北部国境への移動は、六月二十四日からはじまった[35]。

移動の開始にあたり、三原隊長が最初に行ったのは周到な偽装工作であった。当時黒河には砂金採りの懐を狙った賭博場が一〇カ所もあり、相当のヤクザ者が入り込んでいた。さらに、黒河には白系ロシア人が約四、五〇〇人も居住しており、その中にどれほどの赤系スパイが潜り込んでいるのか判然としていなかった。また満人の中にもスパイが潜んでおり、ソ連のスパイ網が築かれていた[36]。

図29　今村　均
写真は関東軍参謀副長時代。
提供：朝日新聞社。

こうした事情から、三原隊長が黒河から孫呉にそのまま移動すると関東軍の攻撃企図がソ連側に漏洩する可能性があったため、六月二十四日、三原隊長は黒河省の省長、満洲国軍の司令官など、周辺の主だった有力者を全員黒河の中華料理店に招待し、偽装のための大宴会を開催した。お酒が入り女性が出て来て、宴たけなわのところで、三原隊長は抜け出して副官の岡村中尉以下防衛隊本部員を率いて黒河駅に向かった。そしてホームにあらかじめ用意しておいた特別列車に乗り込み、六月二十五日午前一時に黒河を出発した[37]。

夜明け頃に孫呉に到着した三原隊長に続き、内田誠少佐率いる歩兵第四九連隊第二大隊、歩兵第一連隊の速射砲中隊、工兵一個中隊などが続々と孫呉に到着した[38]。三原隊長は、孫呉でも入念な偽装工作を行った。移動を匪賊討伐の目的に偽装するために、地元の満洲警察を使って住民に対し「遜河付近に有力な匪賊があらわれた。日本軍が討伐に向かうが住民は匪賊にやられないよう注意せよ」と偽の注意喚起を行い、遜河方面にもこれを宣伝させた[39]。

同じ日、河村師団長は、乾岔子島奪回作戦の遂行を期して「一師作命甲第一一九号」を下達し、歩兵第四九連隊長の竹内寛（ゆたか）大佐に残余の主力をもって遜河付近に前進し、三原隊長の指揮する部隊を併せて指揮して、島に上陸したソ連国境警備兵を撃退するよう命じた[40]。

六月二十六日、河村師団長は小泉恭次歩兵第一旅団長（少将）及び在斉斉哈爾の各部隊長を集めて状況並びに作戦の企図を明示し、午前十時に歩兵第一旅団司令部に応急派兵を命じた。午後一時、河村師団長は「一師作

図30　竹内　寛
出典：『甲府聯隊写真集』12頁。

図31　北安から黒河へ向かうため黒河駅で人員点検を行う第四九連隊の様子
出典：『甲府聯隊写真集』98頁。

図32　小泉恭次
写真は大佐時代。
出典：歩兵第十六聯隊編『昭和六年乃至八年　渡満記念写真帖』（歩兵第十六聯隊、1933年）（出典元に頁なし）。

命甲第一一一号」により、第一旅団長に対して速やかに孫呉に到着し、先遣の竹内連隊長の指揮する部隊並びに孫呉、遜河配属諸部隊を併せて指揮し、既に命令してある攻撃を実施するとともに、その他の主力を孫呉付近に集結させ且つ作戦正面江岸の警備、捜索を実施し状況の変化に対応する諸準備を行うことを命じた(41)。この命令を受けて北安の小泉旅団長は、同日午後十一時に隷下部隊に旅団命令を下した。その内容（抜粋）は、次のとおりである。

歩一旅作命甲第九十二号
歩兵第一旅団命令　六月二十六日二十三時
於　北　安　本　部

㈠、諸情報ヲ総合スルニ「乾岔子」島「金阿穆河」島ニハ二十数名ノ蘇聯兵依然陣地構築中ニシテ砲艦以下約三〇ノ江上艦艇ノ主力ハ「コンスタンチノフスキー」「ポヤルコワ」附近ヲ中心ニ配置シ尚大型砲艦三隻ハ二十五日午前十時三十分頃興東鎮（蘿北県太平溝下流三十粁）附近ヲ上航セルモ未タ空地ノ大部隊ノ行動ヲ見ス
満軍江防艦隊二隻ハ二十五日夕奇克特ニ到着シ別ニ二隻ハ上下流ヨリ該地附近ニ向ヒ航行中ナリ
黒河防衛隊ハ卡倫山以北満軍及在黒河独立守備隊ヲ区処シ対岸蘇情ノ捜索警戒ニ任シ且状況ニ応シ直ニ黒河

既設陣地ヲ守備シ得ルノ準備ニアリ飛行集団ノ一部ハ孫呉及北安ヲ根拠トシ所要ニ応シ師団ノ攻撃ニ協力ス

(二)、旅団ハ一部ヲ以テ「乾岔子」島及「金阿穆河」島ヲ奪還シ主力ヲ以テ孫呉附近ニ集結シ且作戦正面内ノ河岸ノ警戒並捜索ヲ実施シ状況ノ変化ニ対応スルノ諸準備ヲ為サントス

本作戦ニ於ケル戦闘指導要領別紙ノ如シ

(三)、歩兵第四十九聯隊長ハ隷下部隊(配属如故(じょこ)新ニ折畳舟一〇工兵第二中隊ノ残部歩兵第三聯隊聯隊砲、遜河満軍及江防艦隊ノ主力ヲ奇克特ニ於テ配属シ独立山砲兵第十二聯隊ノ一中隊ヲ協力セシム)ヲ指揮シ「乾岔子」島ノ外併セテ「金阿穆(ママ)」島ヲ奇襲シ之ヲ奪還スヘシ

但シ一部ヲ以テ霍爾莫津(ホルモジン)既設陣地ヲ守備シ得ルノ準備ニアルヘシ(〔　〕:引用者)

歩一旅作命甲第九十二号別紙

戦闘指導要領

一、本期出動ノ目的ハ「センマハ(ママ)」島及「ボ」島ノ奪還ニアルモ極力局地的闘争ニ終局セシメ交戦地域ヲ拡大シ国交上ニ大ナル影響ヲ与フルハ本旨ニ非ス　故ニ奇襲部隊以外ハ極力敵ニ刺激ヲ与フルコトヲ避クヘシ

但シ満洲国領土内ニ越境侵襲シ来ル場合ハ断乎トシテ之ヲ排撃スヘシ

二、竹内部隊ハ既定方針ニ基キ両島ノ奪還ヲ実施スヘシ(42)

小泉旅団長は、右旅団命令下達後、自動車第一連隊第三中隊、師団輜重兵中隊自動車主力とともに孫呉に向けて北安を出発した。そして六月二十七日午前七時三十六分、孫呉に到着した後、本部を開設した(43)。この日、遜河で第一線

部隊を指揮していた竹内連隊長は、旅団命令（「歩一旅作命甲第九十二号」）を実行に移すため「竹内作命甲第三号」を下達し、乾岔子島と金阿穆河島の奇襲について隷下部隊を部署した。これにより、乾岔子島の奇襲は三原部隊（以下、三原隊長を三原部隊長と表記）、金阿穆河島の奇襲は守田義輝少佐（歩第四九連隊第一大隊長）率いる守田部隊が担当することになった(44)。

六月二十八日午前十一時、小泉旅団長のもとに第一師団より赤軍の情報とともに、奪回攻撃の実施について次のような電報が届いた。

一師参電第八〇九号

1、黒河特務機関ノ報告ニ依レハ蘇聯極東国境警備司令官ハ第五十六国境警備隊ニ命令ノ実行ヲ要求シアリ第六十九師団長ニ野営撤去報告ヲ要求シアルモノ、如ク或ハ砲兵聯隊ヲ国境警備部隊ニ配属（又ハ協力）セルニアラスヤト判断セラルルモノナリ

2、前記情報ヨリ見テ攻撃ハ成ルヘク早キヲ可トスヘシ之カ為二十九日払暁迄ニ実施ヲ望ム（傍線：引用者）(45)

第一旅団はソ連の第六九狙撃師団の野営撤去と来援の可能性を受け、急遽二十九日の明け方までの攻撃実施を求められる事態になったが、さらに同日午後〇時二十五分に受領した「一師参電第八一一号」において、「現下ノ情勢ニ鑑ミ本二十八日夜攻撃ヲ実施スヘシ(46)」と、今度は当日夜の攻撃命令が下された。

この時までの第一旅団の準備状況としては、第三連隊第一大隊長の指揮する部隊、師団通信隊の一部、電信第三連隊の一個中隊、工兵二個小隊、騎兵第二中隊、野砲兵第三大隊などが孫呉に到着し待機していた。さらに作戦に協力

する飛行隊が孫呉に飛行場を開設するなど、着々と攻撃準備が進められていたが、まだすべての部隊の集結は終わっていなかった。[47]

しかしながら、師団より攻撃実施の命令を受けた小泉旅団長は、命令どおり六月二十八日夜の攻撃を決意し、二十八日午後三時に隷下部隊に、次の第一旅団命令（抜粋）を下した。

歩一旅作命甲第九十四号

歩兵第一旅団命令　六月二十八日十五時
於　孫　呉

二、旅団ハ一部ヲ以テ速ニ「乾」島「金」島ノ奇襲ヲ敢行スルト共ニ主力ハ依然孫呉附近ニ集結セントス

三、竹内部隊長ハ本二十八日夜攻撃ヲ実施スヘシ
守田部隊ノ攻撃ニ大隊長ノ指揮スル野砲兵一中隊ヲ協力セシム（作命九二号ノ第三項ノBAS〔独立山砲兵〕未着ニツキ）

四、野砲兵第一聯隊第三大隊長ハ速ニ一中隊ヲ指揮シ霍爾莫津ニ前進シ守田大隊ノ「金阿穆河」島攻撃ニ協力シ後孫呉ニ復皈（ふっき）スヘシ[48]（〔　〕：引用者）

しかしその後、金阿穆河島の南方水路がこれまで把握していた情報とは異なり、現状のままでは渡渉できないことが明らかになる問題が発生した。必要な渡河材料も到着していなかったため、小泉旅団長はやむなく金阿穆河島への

奇襲作戦を六月二十九日夜に変更することを決め、その旨を隷下部隊に伝達した。こうして当初より二島同時奪回を目指して準備が進められて来た奇襲奪回作戦は、乾岔子島を先行して実施することになった[49]。

（二）攻撃の「一時中止」

六月二十四日に中央へ派遣された関東軍の今村参謀副長は、当初六月二十六日の夕方に飛行機にて東京に到着予定であったが、天候不良のため六月二十八日の朝に東京に到着した[50]。

北満で乾岔子島奪回作戦の準備が進む中、参謀本部第一部第三課[51]（以下、参謀本部の作戦担当部課を参謀本部作戦課と表記）は、到着した今村参謀副長の意見具申によって、乾岔子島奪回作戦を対ソ全面戦争の覚悟で行うか、あるいは戦局を制限して行うかという大きな岐路に立たされることになった。参謀本部作戦課では、全員が対ソ戦争は避けるべきだという不拡大主義を主張し、これに同意した石原莞爾第一部長（少将）が、今井参謀次長に「つとめて戦局を拡大せしめない方法に出ねばならない」と意見具申した[52]。

その後、今井参謀次長は軍令部第一部長近藤信竹少将及び同第一課長福留繁大佐に来訪を求め、海軍の意見を聴取した。関東軍の武力奪回について近藤少将は、「事件拡大の意志がないならば、これを行なうのは不可である」と回答し、不拡大方針の支持を伝えた。陸海軍の両第一部長の意見が対ソ戦回避の不拡大方針で一致したため、今後は外交交渉による解決を目指す方針とし、六月二十八日の夜今村参謀副長から関東軍に対して武力行使中止を打電させた[53]。

史料・文献を総合すると武力行使の中止は、これと前後して参謀総長（閑院宮載仁親王）から、次のような臨命で正式に関東軍に伝えられたようである。

臨命第〇〇号（筆者注　数字忘失）
乾岔子島に対する六月二十八日以後の攻撃は中止すべし(54)

「機宜ノ処置ニ依リ旧態保持」という当初の要望から急転して、攻撃中止の臨命を受け取った関東軍司令部内は大揉めとなった。

臨命に目を通した東條参謀長は、「臨命は陛下の御命令」であるとの認識に基づいて、「アッサリ中止したらどうか」と臨命に従う様子をみせたが、臨命は天皇の命令ではなく、天皇から参謀総長への「御委任の命令」（参謀総長指示）であるとの周囲の反論もあり、関係書類の調査などで時間を費やしていた。また、第一師団と関係部課に対して、臨命に従って単に中止というだけでは、関東軍命令にはならないという特異な理屈も存在したため、作戦課は今後の対応について作戦室で検討を行った(55)。

作戦室での検討の結果、「軍の企図した六月二十八日以後の乾岔子島に対する、奪還攻撃の実施は、一時之を中止し、各兵団部隊は概ね現在の態勢にあって今後の作戦を準備しつつ、状況の推移を暫らく見守る」（傍線：引用者）こととし、第一師団及び隷下諸部隊に対しては「ソ軍が、もし満洲国内に更に侵入する等のことある場合には、直ちに之に対し反撃に転じ得る態勢に在らしむることを適当とする」との結論に達した(56)。

この結論は、臨命による攻撃「中止」を「一時中止」に変換し、作戦の準備を継続するなど疑問が残る部分はあるが、自制的な態度に転換した内容にみえる。しかし、その真意は別のところにあったようである。

同日午後九時頃、綾部作戦主任と中山参謀は、作戦課の出した結論について決裁を仰ぐため、東條参謀長のもとを訪ねた。そして、相手を弱いと認めればつけ上がるソ連に対して、このまま泣き寝入りすることは危険だと強調しつつ、関東軍として和戦両様で事態の推移を見守り、好機があれば直ちに奇襲攻撃により島を奪回し得る態勢に在ることが、関東軍の任務遂行上必要であり、この方策が臨命と軍の実情とを調整する「最後の一線」であると説明した。(57)

作戦課の立場としては、攻撃の「一時中止」が最大限の譲歩であったが、ソ連がさらなる侵攻に出た場合には反撃に転じるという案は、結局のところ好機を捉えて実行する「乾岔子島奪回作戦」の継続に他ならなかったのである。

作戦課の説明を受けた東條参謀長は、特に反駁を加えることはなかったが、同意することもなく、ただ「あまりコダワッてムキにならずにアッサリ中止したらどうか」と繰り返すだけであった。東條参謀長が明言しなかったのは、作戦課が折れて自発的に案を撤回することに期待していたからであったが、両者譲らずにひたすら時間だけが経過していった。作戦課としては、軍組織の建前上、東條参謀長が〝中止〟を裁断するのであれば、それに従うつもりではあったが、懸命な研究の末に出した案を自発的に撤回するつもりはなかった。

紫煙とコーヒーで強烈な香が漂う室内での東條参謀長との我慢比べは、夜明けまで続いた。そして六月二十九日午前四時になり、外が薄明るくなって来た頃、ついに東條参謀長は「では作戦課の案を採用しよう」と決定意思を表明した。(58)

東條英機は、不本意な時は斜めにサインしたり、印鑑を左手で逆に押したりする癖があったが、この時も作戦課案に斜めにサインした。その後すぐに植田司令官の決裁を得て、謄写印刷したものを早暁、飛行機で関係方面に伝達した。(59)

同じく六月二十九日、参謀本部では石原第一部長がソ連の第六九狙撃師団が野営訓練を中止して両島対岸地区に移動を開始したという情報を得たため、改めて武力行使中止の意を強め、関東軍司令官に対してその旨を示達した。(60)

（三）乾岔子島への上陸と陣地構築

六月二十八日に関東軍参謀部が今後の方針をめぐって時間を費やしていた頃、第一線の竹内連隊長のもとに関東軍作戦課の権藤正威（ごんどうまさたけ）大尉がやって来て、奇襲作戦は本格的な対ソ戦を惹起させる可能性が高く、不拡大方針の軍の企図に反するとの理由により攻撃中止を強調した(61)。

二十八日時点では、まだ関東軍として攻撃中止の方針を決定していなかったことから、権藤参謀の派遣は中央から攻撃中止の臨命が届いた以上、関東軍としての方針を決定する前に、万が一にも第一線部隊がソ連国境警備兵を攻撃することがないようにするための措置だったと考えられる。

権藤参謀の要請に対して竹内連隊長は、旅団命令（乾岔子島奪回作戦）の敢行を主張したが、現実的な問題として第一線の奇襲準備は未だ整っておらず、乾岔子島までの距離も考慮すれば、なおさら二十八日夜までに作戦を開始することは不可能な状態であった。こうしたことから、竹内連隊長は攻撃を一時保留にすることに決し、代わりに三原部隊長に対して二十八日夜に乾岔子島に渡河して、島の南端付近に今後の攻撃に備えるための陣地構築を命じた(62)。

二十八日午後十時五十分、権藤参謀はこれらの経緯を「乾島攻撃中止」として小泉旅団長に電話で伝え、旅団長もこれを是認した。その後、午後十一時三十分より三原部隊は乾岔子島に向け渡河を開始した。途中敵の妨害を受けることもなく順調に渡河を完了し、三原部隊の主力は乾岔子島の南端を占領し、一部をもってズウェリイヌィ島の東北端も占領した。さらに三原部隊長は、一部を予備として乾岔子島に控置し、島内の敵情と地形の偵察にあたらせた(63)。

乾岔子島内は、深い草藪であった。陣地構築のため丸太で急造したローラーを馬に引かせて草をなぎ倒し、全員で陣地構築作業にあたった。偵察部隊は黒龍江を左手にみて上流方向に進んだが、敵の姿は確認できなかった。途中、敵の露営の形跡を発見し、散乱していた電話線などの部品を回収した(64)。

三原部隊はその後六月二十九日を挟んで三十日未明の撤収命令まで、乾岔子島とズウェリイヌィ島内で陣地構築を進めていたようである(65)。

このように第一線部隊が乾岔子島を中心に陣地を構築していることから、第一線部隊は権藤参謀の攻撃中止の要請を利用して、来たるべき攻撃への準備を進めていたといえる。

(四)　金阿穆河島への上陸と山口中尉の戦死

三原部隊が乾岔子島に上陸したのと同じ六月二十八日の夜、金阿穆河島を担当していた守田部隊長は部下の山口正己中尉と大曽根信雄少尉に、金阿穆河島に向かい上陸可能地点の偵察を行うよう命じた。若く有望な将校二名を河の中へと斥候に出すことは異例であったが、それは守田部隊長の並々ならぬ決意の表れであった。

山口中尉と大曽根少尉は満服に着替え、満人が船頭を務める小舟に乗り込み、哈大楊(ハーターヤン)から金阿穆河島へと向かった。金阿穆河島に到着すると二人は敵の目をかすめながら島岸をあちこち歩き回り、陣地の状況や島の実情を調査しながら上陸可能地点を検討した。数時間後、目的を達して上陸地点に戻ると満人船頭が姿を消していた。二人が不思議に思っていた時、小舟の近くでソ連国境警備兵の動く姿を捉えた。敵に発見されたことを悟った二人は、逆戻りした。山口中尉は大曽根少尉に、どちらかが無事に帰って守田部隊長に報告しなければならないため、たとえ上官の自分に何かあっても構わずに泳ぎ続けることをいい聞かせ、二人とも満服を脱いで距離を取って河に入り泳ぎはじめた(66)。

山口中尉と大曽根少尉が泳ぎ出して間もなくすると、二人を発見した金阿穆河島のソ連国境警備兵が射撃を開始した。大曽根少尉は身を隠すように水中を泳いだ。途中までは山口中尉の姿を確認していたが、河の中央に到達する頃にはその姿はみえなくなっていた。満洲国側に泳ぎ着いた大曽根少尉は、山口中尉の捜索よりも報告を優先して、守田部隊長のもとに向かい、島の様子を報告した。守田部隊長は山口中尉の安否を気遣ったが、敵前で兵を動かすことができなかったため、満人の漁師を雇って下流を捜索させた。しかし、その姿を発見することはできなかった(67)。結局、山口中尉が戻ることはなく、彼が乾岔子島事件での日本側の唯一の戦死者となった(68)。山口中尉の戦死は、六月二十九日午前二時頃と記録されている(69)。

（五）第二課・第三課の痛論

六月二十九日は、関東軍参謀部でも動きがあった。明け方に攻撃の「一時中止」案が採用されたことを知った、第三課（後方）の片倉衷（ただし）少佐と辻政信大尉が、この日の午後に作戦室に入って来て、次のような言葉で作戦課が攻撃を一時中止にしたことを痛論した。

「そんなことで満洲国の民心把握が出来ると思うか！」

「関東軍司令官兼駐満大使の任務はどうしたのだ！」

「か丶る軟弱な態度で、折角先輩諸公達が営々苦心して築き上げた満洲国の、今後の育成を一体どうしてくれる?」

「満洲事変当時の、関東軍首脳部はか丶る軟弱の骨無しでは、断じてなかった！」(70)（「　」は引用者が付した）

片倉と辻は、大声を出しながら作戦室の大机を拳で叩き、その剣幕により机上のコンパスは踊り、広げられた地図は揺れ動くほどであった。居合わせた作戦課の参謀達は、片倉と辻の主張の意図するところは理解しつつも、既に第一課長のもと明確に決定し、軍司令官の決裁が下りた方策を再考するつもりは全くなく、黙って二人の主張を聴いていた。(71)

片倉と辻は、二時間近くまくし立てた末、作戦室を去って今度は東條参謀長のもとに向かった。途中で第二課（情報）長の冨永恭次大佐も加わり、第二課・第三課合同勢力が東條参謀長を盛んに責め立てはじめた。その様子はさながら「新参謀長教育」であった。第二課・第三課が合同して今回の決定を責め立てた直接の動機は、むろん関東軍が参謀本部のいいなりになって、一度下した攻撃命令をたとえ一時的ではあっても中止したことであったが、それだけではなかった。彼らの根底にあったのは、東條参謀長による偏った作戦中心主義への不満であった。従来から日本陸軍は作戦を重視する一方で、情報や後方をやや軽視する向きがあったが、東條英機が参謀長に就任して以降、関東軍

図33　辻　政信
写真は中佐時代。
提供：朝日新聞社。

図34　片倉　衷
写真は中佐時代。
提供：朝日新聞社。

図35　冨永恭次
写真は中将時代。
提供：朝日新聞社。

内ではその傾向が一層強まっていた。

一つの例として、東條は関東軍参謀長に転補されると先ず司令部内で作戦中心主義を明言し、軍司令部庁舎三階中央にあった特別貴賓室（満洲国皇帝の行幸の際に便殿に専用されていた部屋）を廃して、これを作戦室に転用し作戦参謀以外何人も許可なく出入りすることを禁ずる旨の張り紙をするなど、作戦重視を鮮明に打ち出していた。こうした言動は、東條参謀長なりの意気込みの表れだったともいえるが、他課にとっては配慮に欠くもので神経に障るところがあった。こうした日頃の不満もあってか、第二課・第三課合同勢力による「新参謀長教育」は翌六月三十日も再び行われた。(72)

三　ソ連砲艇の撃沈

（一）　三原部隊の撤収

六月三十日、旅団命令に基づく竹内連隊長の命令により、三原部隊は午前一時三十分に乾岔子島及びズウェリイヌィ島から撤収して乾岔子に集結することになった。三原部隊は再び黒龍江を渡り、監視のために吉岡中尉（名不詳）の指揮する半小隊（以下、吉岡小隊）のみを江岸に残して、午前七時過ぎにようやく乾岔子に引き揚げることができた。(73)

三原部隊長が乾岔子に戻ると、赤軍の戦車五〇両がブラゴヴェシチェンスクから黒龍江江岸を南下しているとの情報に接した。三原部隊長は、直ちに隷下部隊に対して江岸沿いに陣地構築作業を命じた。三原部隊はみな六月二十八日からの渡河、陣地構築、撤収により疲労困憊であったが、小銃中隊、機関銃隊、歩兵砲中隊が総出で地面を掘ったり、陣地を民家の陰に偽装したりと懸命に防御陣地を構築した。また急造の展望哨も建てて、ソ連側の動きを絶え間なく監視できるようにした。(74)

その後、三原部隊に大休止の命令が出た。三原部隊長は江岸監視を吉岡小隊に任せて、出動以来活動を続けて来た部下を休ませていた。乾岔子では、兵が久方ぶりに体を横たえて休み、炊事当番が炊いた飯盒の飯で昼食を摂るなど、つかの間の休息を過ごしていた。(75)

そんな中、日本の対ソ情報活動機関は、ソ連の重要な暗号電報の解読に成功した。それは午後二時に第六九狙撃師団長のミハイル・グルーホフ(М. И. Глухов)(76)中将が「如何ナル挑戦ニモ応スルコトナク敵カ島ニ上陸セル時ノ行動ハ在莫斯科(モスクワ)シヤポシユニコフ〔ボリス・シャポシニコフ(Б. М. Шапошников)〕(参謀総長)ノ指示ニ基クヲ要スル旨」(77)(〔 〕:引用者)との命令を下したことであった。今後の方針を示すこの重要な命令からは、二つのことを読み取ることができる。一つは、史料上この命令が誰に対して下されたものか明確ではないが、既に国境警備隊及びアムール赤旗小艦隊が対応していた島嶼に関する今後の方針について命令していることから、少なくともこの時点でソ連側の第一線部隊の指揮権が、第五六国境警備隊長からグルーホフ師団長に移っていたということである。もう一つは、モスクワの意思は事件の不拡大だったということである。すなわち、日本もソ連も中央は不拡大方針であった。

同じ頃(六月三十日午後)、東京では高松宮宣仁(のぶひと)親王が参内しており、天皇が関東軍の軍事行動中止と外交交渉への移行について喜びを表すなど、(78)不拡大方針による決着が近いように思われた。しかし、ほどなくして日ソ関係は一触即発の事態に陥ることになる。

（二）砲艇の出現と撃沈

グルーホフ師団長の命令が発せられる少し前の午後一時四十五分頃、吉岡小隊が乾岔子から東北約五〇〇ｍの一軒家付近で監視を行っていたところ、黒龍江上に旗幟（きし）不明の三隻の砲艇が現れ、乾岔子島に数名の兵を上陸させたのを確認した。その後、午後二時四十分頃に三隻の砲艇は航進を開始して満洲国江岸に接近を続けた(79)。

この三隻はソ連の砲艇で、アムール赤旗小艦隊の砲艇第七二号、第七四号及び海上国境警備隊の砲艇第三〇八号であった。砲艇第七二号と第七四号は、一九一七年にレヴェリ（現エストニアのタリン）で「Беккер и К（ベッケル・イ・カー）」社が製造した九隻の同型砲艇の内の二隻である。九隻の内、第一〇五号、第一〇六号、第一〇七号、第一〇八号の四隻は、一九三四年にアムール赤旗小艦隊の強化のために、ドニエプル川から乗組員とともにアムール赤旗小艦隊に移された。この時、第一〇五号、第一〇六号、第一〇七号、第一〇八号は、それぞれ第七一号、第七二号、第七三号、第七四号と番号を振り直されていた。砲艇第三〇八号は国境警備隊に配置された同型艇で、いずれも排水量は三八ｔであった(80)。

当時、乾岔子の三原部隊は陣地移動をするために集合地への出発準備を整えていたが、午後二時四十五分頃、吉岡小隊から砲艇侵入の連絡を受けたため、「敵艦侵入―全員戦闘配置につけーッ」と非常命令が下された。将兵は食事もそのままに銃を取り、馬や駆け足で江岸陣地まで走り出した。突然の出来事に帯剣もせず、帽子も被らず飛び出した兵もいたほどであった(81)。

内田誠少佐率いる内田部隊に配属されていた歩兵第一連隊速射砲中隊（長：髙野精一中尉）も、江岸から約六〇〇ｍの距離にある家屋内で休養中だったが、内田部隊長より敵艦出現の知らせ及び「出動準備」の命令を受けた。(82)「出動準備」との命令ではあったが、髙野中隊長は「速射砲ノ任ム上迅ニ江岸ニ至ルヲ至当ト認ムル」との判断から、第一小隊長の安野英雄中尉に偵察のための先行を命じ、第二小隊長の藤栄椽乗中尉に中隊の指揮を任せて江岸に急行させた。その後、髙野中隊長は自ら内田部隊に向かって急進した。途中、偶然にも内田部隊長に相会したため、先行していた安野中尉を掌握し江岸に向かった。江岸に到着すると、満洲国領内の水域をソ連砲艇三隻が各艦二〇〇mほどの距離を取りながら上航中であった。髙野中隊長以下先行隊は、明確な国境侵犯をしながら悠々と進む砲艇を確認しながらも、攻撃の一時中止命令を厳守し挑戦的態度に出ることはなかった。(83)

ソ連砲艇各艦の乗組員は手旗信号で連絡を取り合った後、砲艇内に姿を消した。そして先頭艦の司令塔に指揮官が姿を現し、満洲国側の状況を確認してその姿を砲艇内に隠した直後の午後三時十分、先頭艦が突然満洲国側江岸にいた関東軍の工兵小隊の一部と江岸監視中の吉岡小隊の監視兵に対して機関銃射撃を開始した。工兵小隊の一部は、未明の乾岔子島からの撤収で使用した折り畳み舟の揚陸作業を行っていた。(84)

「如何ナル挑戦ニモ応スルコトナク」とのグルーホフ師団長の命令があったにもかかわらず、ソ連砲艇が挑発的な接近及び射撃を行ったことは不可解だが、小原豊の残した二次資料には満洲国江岸にいた最右翼の機関銃隊が接近する砲艇に対して威嚇射撃を行ったとの記録もあり、これが引き金になった可能性もある。(85)

また砲艇にもかかわらず、砲撃せずに最初に機関銃射撃を行った理由は、ソ連砲艇が三原部隊が乾岔子島に構築した擬装陣地に注意を向け、そちらに砲撃を行いながら接近して来たためである。(86)したがって、そこに兵力がなかっただけで、事実上ソ連砲艇は日本軍への砲撃に踏み切っていたといえる。

ソ連砲艇から機関銃射撃、次いで砲撃を受けた吉岡小隊は直ちにこれに応戦を開始した。(87)この時、江岸へ向かって

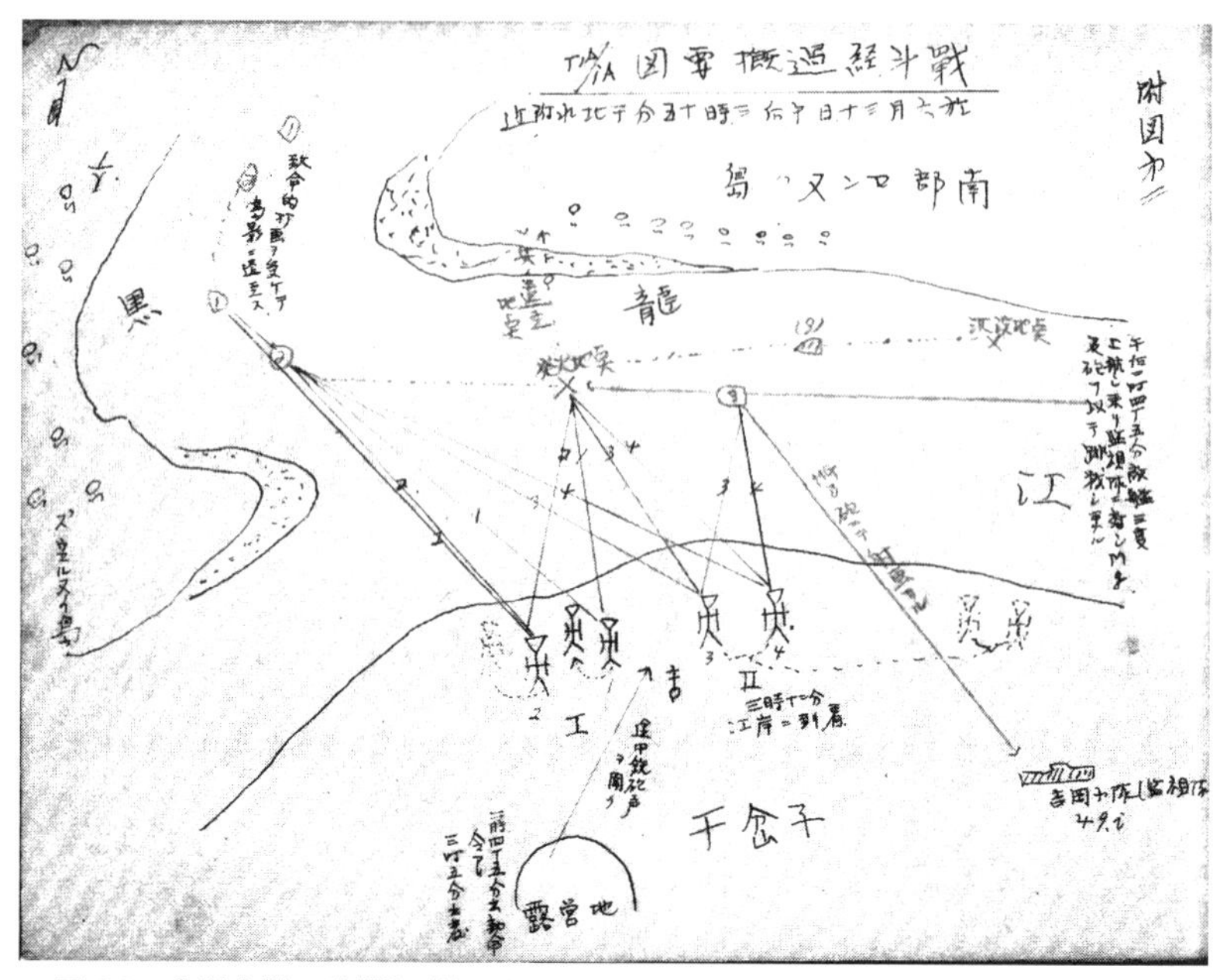

図 36　高野中隊の戦闘経過概要図（6 月 30 日）

出典：歩兵第一聯隊速射砲中隊「歩兵第一聯隊速射砲中隊戦闘詳報　乾岔子事件（昭和十二年六月）察哈爾作戦（昭和十二年八月七日～十月四日）」附図第二（靖國神社靖國偕行文庫所蔵）。

いた藤栄中尉の指揮する速射砲中隊主力は、途中で銃砲声を聞いたため全力を尽くして午後三時十二分に江岸に到着した(88)。

高野中隊長は到着した中隊主力を掌握し、第一・第二小隊を直ちに江岸の陣地に進入させた。この時、高野中隊は乾岔子から江岸にかけつけた三原部隊長に口頭で同部隊直轄を命じられ、三原部隊長の指揮下に入った(89)。

三原部隊長は、吉岡小隊に対して一度は応戦中止を命じたが、ソ連砲艇の攻撃が続いたため、応戦を決意し射撃を命じた(90)。高野中隊長は射距離と第三番艦が左舷を向けて航行中という敵砲艇の状況から、中隊の全火力を第三番艦に集中することに決し、午後三時十五分に第三番艦に対して速射砲射撃を開始した(91)。最初は徹甲弾を発射していたが、高野中隊第一小隊第二分隊長の藤田馨軍曹は、徹甲弾では鋼板を貫通してしまい効果がないと観測し、

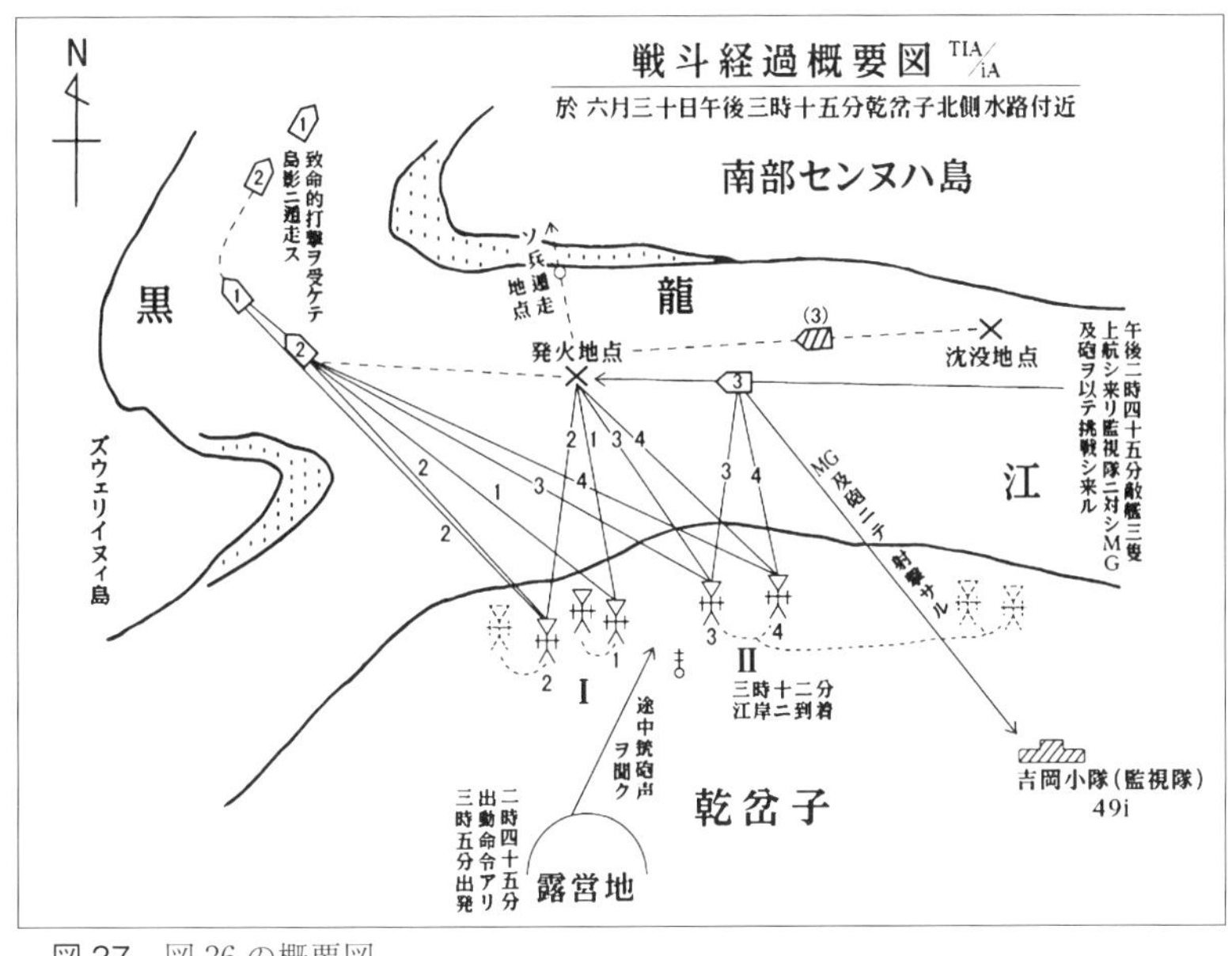

図 37　図 36 の概要図

図 36 を基に筆者作成。

満洲国江岸の は高野中隊の速射砲、Ⅰ、Ⅱは高野中隊第一小隊、第二小隊、1、2、3、4 は第一、第二、第三、第四分隊を意味していると思われる（図 36 の解読には、防衛省防衛研究所調査員の横山久幸氏にご協力いただいた。記して御礼申し上げる）。

榴弾に切り替えた(92)。

ほどなくして高野中隊第一小隊第一分隊（長：阿部森衛軍曹）の第二発目が敵艦の機関部分に命中し、これにより第三番艦は航行不能に陥った。二分後には砲艇中央部より火災が発生し下流に流されはじめた。高野中隊は目標を第二番艦及び先頭艦に変えたが、既に距離が一、二〇〇から一、五〇〇mと離れてしまっていたため、命中弾はあったものの航行不能にすることはできなかった。しかし特に第二番艦の損傷は激しく、動きは鈍重になり気息奄々で北走し、乾岔子島の島陰に消えていった。黒煙と炎に包まれながら流されていた第三番艦は、午後三時五十分頃、遂に沈没した(93)。

第三番艦は、砲艇第七二号であった。乗組員は一六名で、沈没する前に多くの乗組員は裸になって黒龍江に飛び込んだ。乗組員の内、

図 38　砲艇を撃沈した高野中隊の陣地の様子

出典：東京歩兵第一聯隊写真集編纂委員会編『東京歩兵第一聯隊写真集』（国書刊行会、1981 年）153 頁（以下、『東京歩兵第一聯隊写真集』）。

図 39　高野中隊の速射砲が命中し煙を上げるソ連砲艇

出典：防衛庁防衛研修所戦史室『戦史叢書 27　関東軍〈1〉　対ソ戦備・ノモンハン事件』（朝雲新聞社、1969 年）335 頁。

戦闘中に死亡したのは、艇長Ｉ・Ｖ・ベリャーエフ（И. В. Беляев）中尉、下士官Ａ・Ｙａ・ヴォヴネンコ（А. Я. Вовненко）、下士官Ｉ・Ｖ・コステンコ（И. В. Костенко）、赤軍水兵Ｉ・Ｖ・クラシノフ（И. В. Красинов）、赤軍水平Ａ・Ｐ・チーヒー（А. П. Тихий）の五名であった。

残りの一一名の内、九名の乗組員はソ連側江岸に自力で泳ぎ着き、他の二名も後に発見された。この一一名の内、三名が負傷者だったがＹａ・Ｆ・エサウレンコ（Я. Ф. Есауленко）は、後に病院で死亡した。また遁走した砲艇第三〇八号でも一名の赤軍水兵が負傷した。死亡した者は、その後ブラゴヴェシチェンスク郊外のアストラハノフカ（Астрахановка）にあるアムール赤旗小艦隊の機動基地（манёвренная база）内に埋葬された[94]。この日の戦闘では日本側に戦死傷者は出なかったが、ソ連側は結果的に六名の戦死者と三名の戦傷者、砲艇一隻撃沈、一隻大破という甚大な損害を出した。

ソ連砲艇撃沈の一報は、第一師団からの緊急電報で関東軍司令部にも届いた。この情勢急変によって、前日から続いていた関東軍参謀部内の「新参謀長教育」は終わり、各課それぞれの分担に従って各方面への必要な措置を実行に移していった[95]。

ただし、ソ連側からの反撃はなく関東軍も追撃しなかったため、

表　乾岔子島事件における日ソの人的損害(単位：名)

日本		ソ連	
戦傷	戦死 *1	戦傷	戦死 *2
0	1	3	6

*1　1名は山口正己中尉。
*2　6名の内1名は当初戦傷で後に死亡。

図40　ソ連砲艇第308号の姿(撮影時はK-117)
砲艇第308号は後にK-117と改称された。写真は、1945年8月にウスリー川を航行するK-117の姿である。砲艇第72号、第74号と同型艦であるため、いずれもほぼ同様の姿だったと思われる。
出典：Сутормин В. Благовещенский (Амурский) инцидент 1937 года // Арсенал Коллекция. №1. 2015. С. 51.

第一線は高い緊張状態になりながらも日ソ開戦の事態には陥らなかった。

(三)　予期せぬ収穫

ソ連砲艇の撃沈は、関東軍に思わぬ収穫をもたらした。満洲国に広く展開していた関東軍特殊無線情報隊が傍受したところによると、砲艇を撃沈されたソ連側では、ポチカレオ、ブラゴヴェシチェンスク、ブレヤ、ザビタヤ川など各方面の陸軍、空軍部隊及び黒龍江水域の水上部隊が、平文のまま緊急電報を無線で一斉にどんどんと打ちはじめた。その様子は「大竜巻に襲われたバラック聚落群」(「　」：引用者)の如きで、パニック状態であった。平文で次々と打ったため、数時間の間に今までわからなかったソ連の陸軍、空軍、水上諸部隊の配置や指揮系統、連絡関係等々に至るまで悉く解ってしまい、情報を担当する関東軍参謀部第二課は「盆と正月と嫁入とお産とが一度に舞いこんだあんばい」になるほど忙殺された[96]。

また関東軍の航空隊がソンピラ川に沿って、東西に折り返し飛行をしてみると(ソンピラ川以北の上空は、厳重な立ち入り禁止区域に指定されていた)、黒龍江北岸の広大な地域にわたって、赤軍諸部隊が緊急警備配置に就くため、白昼近道を通って移動する様子が掌（たなごころ）を指すようにみえ、この方面に対する赤軍の緊急防江配備が暴露された。

ブラゴヴェシチェンスク付近から下流の黒龍江江岸や丘の上に設置されていたトーチカには、偽造トーチカが混ざっており、どれが本物であるか分からなかったが、砲艇撃沈後は本物のトーチカには守兵が就き、銃眼や砲門を開いたためにトーチカの真贋の識別までもできてしまった。関東軍はこれまで数年がかりでつかめなかった、この一帯の赤軍陣地の細部をほとんど把握することに成功した(97)。

さらに日本の対ソ情報活動機関は、砲艇撃沈の約一時間後の午後四時四十二分に第六九狙撃師団長が隷下砲兵部隊に対して発した、「若日満両軍射撃ヲ開始スルモ我カ領土ヲ侵ササル限リ砲兵射撃ハ極力之ヲ避クヘシ(98)」との命令を傍受、解読することに成功した(99)。この傍受電は関東軍にも共有されており、これによりソ連の第一線部隊に反撃の企図がないことを把握することができた(100)。

（四）河村師団長の独断的局地停戦協定構想

砲艇撃沈の直後からソ連側の通信情報を得ていたとはいえ、このような突発的な出来事の後には、各種の齟齬から予期せぬ事態が次々と発生することは容易に想像された。しかし、植田司令官は第一線司令部から約七〇〇㎞も離れた新京の軍司令部におり、適時、適切なる指導は行い難いと認めたため、中山貞武参謀を河村師団長のもとに派遣することにした。

六月三十日午後七時、中山参謀は植田司令官より次の任務を与えられた。

関作命第一〇二一号

関東軍命令　六月三十日午後七時

於　新京軍司令部

一、貴官は明一日朝出発、遜河附近〔孫呉附近の誤りか〕に到り、第一師団、同協力部隊等の作戦指導並情報収集に任ずべし

二、作戦指導の為、準拠すべき要項左の如し

1、現に紅毛鶏（ホンマオチイ）北方無名島[101]に在る部隊の外、新に黒龍江を渡河前進せしめず

2、我より進んで攻撃行動を取らしめざること既定方針の如し

3、関作命第一〇二〇号及六月二十八日軍命後の作戦指導要項の実施は依然之を続行せしむ〔関作命第一〇二〇号の内容は不明。作戦指導要項は、作戦の準備を整えつつも待機するとした攻撃の一時中止命令のこと〕

4、各部隊は概ね現在の配置に在らしむ

5、状況の急変に際しては現地附近に於て機宜の行動により、後続兵団の作戦を容易ならしむる如く指導す

関東軍司令官　植田大将（ママ）[102]（〔　〕：引用者）

中山参謀は、緊急連絡を要する重大な突発事案が発生する可能性も考慮し、軍機電報の発信権（軍電報の最優先発信権）と優秀な暗号手一名を貰い受けて、翌七月一日の早朝、新京の飛行場から孫呉に飛んだ。

中山参謀は、孫呉の鉄道守備大隊の将校集会所に仮司令部を開設していた第一師団を訪ねた。そして河村師団長に

植田司令官からの慰労と激励の言葉を伝え、砲撃の成功を祝した後、詳細な彼我の状況説明を受けた。
中山参謀が河村師団長といろいろと話を交わしていると、河村師団長が赤軍の第一線兵団長との間で、局地の停戦協定を結ぶ意図を持っていることが明らかになった。この時の中山参謀と河村師団長との会話は、次のようなものであった。

〔中山参謀〕―閣下、それは少し具合が悪いのではないでしょうか？
〔河村師団長〕―そんなことがあるものか。事件を拡大しない為にも協定は是非必要だ。北支でも前例がある。梅津・何応欽協定、土肥原・秦徳純協定など皆そうじゃないか
〔中山参謀〕―あの場合とこの場合とは大分状況が違うと思うのですが……。この場合は関東軍が事態即応の為参謀を現地に派遣して、待機の姿勢にあるのですし、全局的見地からするも、対支と対ソ考慮では、かなりの差異もあろうし、其外にも色々外交的配慮も要する点があろうかと思はれる（ママ）ので、直ぐ連絡をつけますから、暫らく待って頂きたい。[103]（〔　〕：引用者）

ところが、既に局地停戦交渉に気持ちが入っている河村師団長は、少佐参謀の意見など聞き入れることはなく、「こんな時に直ぐ連絡などつくものか！」と嘯（うそぶ）く様子であった。中山参謀はやむを得ず、内隠しから植田司令官の署名がある前記「関作命第一〇二一号」を取り出し、自身が植田司令官から任務と権限を与えられて来ていることを述べ、師団長が独断で停戦協定を締結することは同命令の二の3項の「作戦指導要項」の件と照らして支障があるため、待ってもらわなければならない旨を伝えた。

中山参謀は、軍司令部への報告と次の関東軍命令を貰うため、別室へ移動して、ここまでの事情の要旨を同伴して来た暗号手に暗号化させて、軍機電報として直ちに新京へ打たせた。暗号手を同伴したことは、第一師団側の暗号手による〝故意の遅延〟などを防ぐことができ、通信自由の確保の観点からみると正解であった。

中山参謀からの軍機電報に基づいて、「関作命第一〇二二号」が第一師団に到着したのは約二時間半後であった。これにより、乾岔子島事件の解決は、東京の外務省からモスクワの日本大使館に託されることになったと伝えられた。[104]こうして、河村師団長の独断による局地停戦協定は阻止された。

(五)砲艇撃沈後の東京と新京

ソ連砲艇撃沈の事実は、日本の参謀本部にも衝撃を与えた。事態急転のため参謀本部は、今後の事件処理に関する方針を打ち出すことになり、六月三十日の夜、参謀本部作戦課の西村敏雄少佐が事件処理に関する案を起案した。そして、それがそのまま参謀本部作戦課の基本観念となった。その内容は、次のようなものであった。

黒龍江事件処理の根本観念(西村案)

黒龍江事件発生以来作戦部は紛争不拡大主義を堅持す

集中せる彼我の兵力は近く相対峙し河上、空中、一度処置を誤れば事態は激化の恐あり而も黒龍江上二、三島嶼の問題は夫自体国運を賭するに値せざるのみならず此の事件を契機として未だ膺懲の好機に非ず国軍は今や軍備を充実し必勝不敗の態勢を占むるに努力しある途上既に一歩を先んじて近代軍備の概要を整へたる「ソ」軍に対して昭

和十四年以前に帝国が単独戦争を開始するは適当にあらずと思考す云々[105]

この基本観念に則って、中央は自制的態度を堅持することになった。

一方、政府では七月一日午前十一時に近衛文麿首相、廣田弘毅外相、杉山元陸相、米内光政海相が首相官邸に参集し、ソ連側の不法射撃事件について重要協議を行うための四相会議を開催した[106]。会議では、まず杉山陸相から最近における満ソ国境紛争の経過並びに、乾岔子島事件に関する現地からの情報について詳細な説明があり、次に廣田外相からモスクワでの重光葵大使とマクシム・リトヴィノフ外務人民委員との交渉経過について報告がなされた。その後、協議を行った結果、政府の見解と対策方針が次のとおり決定され、午前十一時三十分散会した[107]。

今次のソ側艦艇撃沈事件は明かにソ側の不法射撃に依つて惹起されたる已むを得ざる自衛手段の結果であるが要するにかゝる事態を惹起したのはソ聯側が不法占拠を敢えてしたる乾岔子、金阿穆河両島から速に軍兵を撤収して原状に回復すべき旨を約しながらこれを実行せざる結果であるから帝国政府としては既定方針通り該地に於ける即時撤兵原状回復を事件解決の最要件としてモスクワに於ける外交々渉の成行を厳重看視する[108]

この政府方針に基づき、事件の解決は引き続き外交交渉によって図られることになった。

同じ頃、新京では満洲国駐劄特命全権大使を兼務していた植田司令官が、駐満大使として愛新覚羅溥儀との会見に臨んでいた。この会見は、七月一日午前十時三十分から午前十一時三十分にかけて溥儀の書斎にて行われた。乾岔子島事件をめぐる両者のやり取りは、次のようなものであった。

帝　乾岔子島事件ハ今後拡大スルコトハアリマセヌカ或ハ将来大問題トナル原因トモナリマセウカ

大使　本件ハ之以上ニ拡大スルコトアリマセヌ既ニモスコーニ於テ重光大使ト露国当局トノ間ニ交渉ヲ開始シテ居リマス我方ノ之兵ハ彼レノ領土ヲ侵サヌ代リニ彼ヲシテ我方ヲ侵カサシメズト云フノデアリマシテ若シ彼レニシテ我方ヲ侵リバ直チニ之ヲ撃退スル決心デアリマス而シテ彼ノ侵入ヲ撃退セル場合彼ハ之ニ反撃シ来ルヤモ図リ難キ為メ其反撃ニ対シテ充分備ヘヲ致サネハナリマセヌ故ニ我方ニ於テハ之ニ備ヘタル上撃退シタノテアリマス然ルニ重光大使ノ抗議ニ対シテ露国側ハ乾岔了島ヨリ露兵ヲ撤退セシメル代リニ日満軍モ同方面ノ河岸ヨリ撤退セシメラレタシトノ条件ヲ持出シタ様デアリマスガ之ハ大ナル間違ヒデ露国ガ不法ニモ満領内ノ乾岔子島ニ兵ヲ入レシモノ故之ヲ撤退セシムルハ当然ノコトニテ其当然ノコトヲ為スニ条件トシテ満領内ノ日満軍ヲ後退セシメントスルハ甚タ不当ノ要求ニテ日満側トシテハ断シテ聴キ入ル、コトハ出来マセヌ重テ今回ノソ聯兵ノ行動ハモスコー政府ノ命令ニ依リテ為サレタルモノトモ思ハレズ出先キノ局部軍隊ノ行為トモ思ハル、モノニテ或ハ最近ノ政情ノ不安定ニ伴フ国内人心ノ動揺ヲ防ク為メ注意ヲ外

図41　満洲国皇帝・愛新覚羅溥儀
出典：松本於菟男編『康徳四年版　満洲国現勢』（満洲弘報協会、1937年）序文・グラフセクションより。

図42　関東軍司令官兼駐満大使・植田謙吉
提供：毎日新聞社。

国ニ向ハシメントシテ国境ニ問題ヲ惹起セシガ或ハ又外国ヲシテ露国々内ノ不安ニ対スル疑ヒヲ除カシメンカ為メ外国ニ兵ヲ輸クル態度ニ出テシモノナルヤモ知レズ[109]（以下、略）

植田司令官兼駐満大使は、乾岔子島事件がソ連の現地部隊の独断によって引き起こされた可能性が高いとの認識を示した上で、砲艇撃沈はソ連側の挑戦の結果引き起こされたやむを得ない結果だと述べている。ただし、既にソ連側通信の解読により第一線部隊に反撃の企図がない点を把握していたこともあり、将来の事件拡大の懸念については「之以上ニ拡大スルコトアリマセヌ」と述べるなど、ソ連軍の侵入がなければ、このまま外交による解決が図られるとの見通しを立てていた。

図 43　乾岔子島事件勃発後に黒龍江を航行するソ連船
提供：朝日新聞社。

図 44　乾岔子島事件勃発後に黒龍江に翻るソ連旗
提供：朝日新聞社。
図 43、44 のいずれも朝日新聞フォトアーカイブの「説明」欄には、乾岔子島事件勃発後の「1937 年 6 月ごろ撮影」とあるが、「撮影日」欄には 1937 年 7 月 1 日と記されている。

結果として、七月二日午後八時三十分からモスクワで行われた重光大使とリトヴィノフ外務人民委員との直接交渉で、両者が原状回復に合意し、ソ連側が兵力及び艦艇の撤収を約束したことで、本事件は終息への道筋がついた[110]。日本は、政府方針と参謀本部基本観念及び関東軍司令官兼駐満大使の見通しを無事に具現化することに成功したといえる。

四 兵力の撤収と事件の終結

（一） 終結日の諸説

乾岔子島事件は、その勃発日は明確（一九三七年六月十九日）な一方で、終結日については諸説ある。

日本の公刊戦史である『戦史叢書』では、乾岔子島事件の終結について、「七月二日に至り、国防人民委員部は両島及び付近に集結した兵力、艦艇等の撤収を命じ、ここに事件は落着を見ることになった[111]」と、ソ連が外交交渉で撤収に合意し、撤収命令を出した七月二日を終結日としている。一方で、主要な満ソ国境紛争の概要を網羅的に収めている中村敏『満ソ国境紛争史』では、「（ソ連が七月：引用者註）四日午前には金阿穆河島の撤兵を開始し四日午後九時完全に撤回（ママ）を完了したのである。茲に於て一触即発の危機を孕んだ乾岔子島事件は、その領有権の問題を残すのみとなつて一応解決を見たのである[112]」と、七月四日を事件の終結日にしている。また当時、参謀本部作戦課に身を置き、後に関東軍参謀を務めた今岡豊は、自著『石原莞爾の悲劇』の中で「七月二日に至り国防人民委員部は、両島附近に集結した兵力、艦艇等の撤収を命じ、七月五日までに引揚げを完了して、ここに事件は落着を見るに至った」[113]と、七月五日を終結日と記している。

さらに外務省情報部『「ソ」聯邦重要事項誌（一九三七年度）』では、「七月二日ニ至リ『ソ』聯側ハ撤退ニ同意シ、又同六日引揚ヲ完了シテ乾岔子事件ハ幕ヲ閉チタリ」[114]と、七月六日を事件の終結日にしている。

資料、文献によって終結を示す日が異なっているのは、乾岔子島事件では停戦協定の類の合意文書が作成されなかったことも影響していると思われる。しかし、たとえ口頭であっても正規の外交交渉で外務人民委員が部隊の撤収を約束したのであれば、それは停戦合意であり『戦史叢書』が示すとおり七月二日を事件の終結日として問題ないと思われる。通常、軍隊の撤収は停戦合意後に行われるものであり、撤収の完了を待って紛争の終結日とすることは一般的ではない。

ただし、それはソ連が約束どおり撤収を完了させたことが大前提である。約束を反故にした場合、紛争は終結し得ない。したがってソ連の部隊が撤収を完了した日が、先にみた七月四日、五日、六日のいずれだったのかを確認することは、事件の終結日を七月二日と確定する上で重要な作業である。この点について、日本の史料から時系列を追って検討する。

（二）　ソ連側兵力の撤収と事件の終結

一九三七年六月三十日のソ連砲艇撃沈の翌日七月一日に、孫呉で指揮を執っていた小泉第一旅団長は、関東軍の方針に基づき隷下各隊に次のような行動の準拠を与えた。

1、将兵愈々冷静沈着ノ態度ヲ保持シ敵ニ刺激ヲ与ヘサル件ニ関シテハ一兵ニ至ル迄徹底セシム
特ニ第一線敵ニ直面セル部隊ニ於テ然リトス

2、爾今命令アル外「乾岔子」島及「金阿穆河」島ノ攻撃ヲ中止ス
特命以外独断攻撃ヲ厳禁ス

3、敵艦船ノ黒龍江航行及江上停船ニ対シ絶対ニ敵対行動ヲ禁ス

4、敵艦艇ノ不法射撃及我岸ニ上陸セル場合ハ断乎トシテ応戦之ヲ撃滅スヘシ

5、彼我帰属不明ナル島嶼ヲ満領トシテ占拠又ハ奪還攻撃ヲ禁ス
島嶼ノ帰属ヲ確ムル為ニハ軍司令部ノ判決ニ依ルヲ以テ事前ニ報告シ上司ノ指示ニ依ルモノトス(115)

これ以降の第一線部隊の独断を明確に禁ずる方針を示しており、事件の不拡大を徹底しようとした様子が窺える。

七月二日午前四時、第一旅団は第一師団から命令(「一師作命甲第一二八号」)を受領した。内容は、黒龍江右岸(満洲国側江岸)と乾岔子島、金阿穆河島、紅毛鶏北方の無名島との間の水路を、ソ連艦艇が航行できないように遮断することであった。この命令を受けて、小泉旅団長は午前六時に旅団命令(「歩一旅作命甲第一〇〇号」)を発し、歩兵第四九連隊長竹内大佐率いる竹内部隊に対して、直ちに河中に固定筏(いかだ)を設置して遮断線の明示と警告文の掲示を行った上で、防材、鉄線、その他の方法を用いて各水路の航行を遮断することを命じた。さらに、これらの水路をソ連砲艇が強行的に通過しようとした場合は、撃沈することも併せて命じた(116)。

七月三日、乾岔子島では南端にいたソ連の歩哨が姿を消した。金阿穆河島では午前十一時にソ連兵が五名上陸した

ものの、夕方になると監視兵約二〇名が撤収した。また午後六時には牽引車一両が上陸したが、これも臼砲の撤去に向けた動きと判断された。対岸では七月一日以来ソ連側に部隊の移動はなく、江上では大型砲艇四隻が去っていくなど、全体として状況は平静でソ連側の攻撃企図は認められなかった。[117]

第一旅団は七月三日午後九時三十分に、第一師団からの電報（「一師参電九二九号」）により、ソ連が無条件にて乾岔子島、金阿穆河島及びその付近から兵力と艦艇を撤収させることを承諾した旨の外交公電の内容を受領した。[118]モスクワでの外交交渉が成立したのは七月二日午後九時頃であったため、第一線部隊の指揮を執る第一旅団には一日遅れで伝達されたことになる。[119]なお、前日に命令を受けた水路遮断については、現地での資材収集に苦心しながらも、七月三日中に竹内部隊が無名島の水路遮断を完了した。[120]

七月四日、この日は事件発生以来初めて、乾岔子島及び金阿穆河島でソ連国境警備兵の姿が確認されなかった。しかし金阿穆河島には午後三時時点で天幕が二、三張残っており、まだ国境警備兵が若干名残っている可能性があった。両島の間に集中していた艦艇は、逐次根拠地に向かって航行をはじめるなど撤収が続いていた。そして午後三時五十分には、竹内部隊が金阿穆河島西端の水路遮断を完了した。[121]

七月五日、竹内部隊が担任していた水路遮断作業はすべて完了した。最終的な防材設置箇所は、乾岔子島の東北方約三kmの地点と西北方約一・三kmの地点、金阿穆河島の西北端の標識付近、無名島の東端であった。

この日も乾岔子島及び金阿穆河島で、ソ連国境警備兵の姿は確認されなかった。島周辺の砲艇も去り、その姿を消した。この状況を受けて、第一旅団は第一師団の命令（「一師参電第九七三号」）に基づいて、紛争地付近の島嶼から敵が撤収したことを確認すべく、次の命令を隷下に下達した。[122]

歩一旅作命甲第一〇八号
歩兵第一旅団命令　七月五日二十三時
於　孫　呉
一、蘇聯軍ノ撤退実施ヲ確認スル為明七月六日払暁以後竹内部隊ヨリ紛争地附近満領島嶼ニ斥候ヲ派遣シ捜索セシムヘシ但シ対岸ノ敵ヲ刺激セサル如ク努ムヘシ又斥候ハ情報資料トナルヘキ遺失物件ノ蒐集（しゅうしゅう）ニ著意スヘシ
二、以下省略（ママ）[123]（（　）：引用者）

この命令により、七月六日、竹内部隊は各島に斥候を派遣して捜索を行うことになり、午前九時三十分より金阿穆河島の捜索が開始された。大曾根少尉（名不詳。大曽根信雄〈九一頁〉と同一人物か不明）が三時間にわたって捜索した結果、同島にはソ連国境警備兵が一兵もいないことが確認された。大曾根少尉の報告によれば、金阿穆河島には前端に監視哨を設置したような痕跡があったものの、陣地や交通壕などは構築されていなかったようである[124]。

続いて午前十一時四十分から午後二時までイシュブロウィー島の捜索が行われた（図20参照〈七二頁〉）。松川中尉（名不詳）が捜索を行った結果、同島にもソ連国境警備兵の姿はなく撤収が確認された。しかし、歩哨が置かれていた跡や露営の痕跡が複数あり、中には約二カ月が経過した鶏肉の缶詰の古缶が確認できた。松川中尉は島内の状況から、イシュブロウィー島には事件の約二カ月前からソ連国境警備兵の一部が上陸しており、事件当時は五〇乃至六〇名が上陸していたと判断した[125]。

松川中尉はその後、午後二時五十分から午後七時五十分にかけて、乾岔子島の捜索を行った。途中、遺失物件として、電話線若干と電話機の転把（てんぱ）を回収しながら捜索を進めたが、同島にもソ連国境警備兵の姿はなく、島の北側水路

を通過する艦艇はもとより、ソ連側江岸にすら人影はみられなかった。[126]この結果報告を受けた第一旅団は午後十一時二十分、河村師団長に対して乾岔子島、金阿穆河島、イシュブロウィー島、ズウェリイヌィ島及びその周辺のいずれの島嶼にもソ連兵がいないことを報告した。[127]

ソ連の兵力と艦艇の撤収を確認したことを受けて、翌七月七日に植田司令官から河村師団長宛てに、次の内容の書簡が届いた。

軍司令官御言葉
政戦両略紛交セル困難且機微ナル情勢ニ処シ用兵其他適切ニシテ特ニ「カンチヤーズ」附近ニ於テ不法挑戦セル蘇聯砲艇ヲ撃沈シタル果敢ナル行動ハ外交折衝ニ暗黙且強大ナル威力的支援ヲ与ヘ国民ノ志気(ママ)ヲ興揚シ軍全般ノ行動ヲシテ有終ノ成果ヲ収メシメタルハ誠ニ感謝ニ堪ヘス是ニ深ク将兵ノ労ヲ多トス
将来一層志気ヲ振作シ自重任務ノ達成ニ尽瘁(じんすい)セヨ[128]（傍線及び（　）：引用者）

内容は事件終結後に発せられた軍司令官からの労いの言葉であり、関東軍司令部としても七月六日の捜索とその結果をもって、原状回復の判断を下していたといえる。

ここまでの検討をまとめると、七月二日にリトヴィノフ外務人民委員が約束したソ連側兵力及び艦艇の撤収は、七月五日に完了し、七月六日に日本軍が実地捜索により確認したことになる。ここにおいて乾岔子島事件は、一九三七年七月二日に終結したと確定できる。

（三）日本側兵力の撤収

ソ連の兵力及び艦艇が撤収したことにより、七月七日から第一師団は出動部隊を撤収させようとするが、この日は中華民国の北京西南に位置する盧溝橋で発砲事件（盧溝橋事件）があり、北支事変（後の支那事変。以下、支那事変）の勃発日となった。そして、この出来事は関東軍の第一線部隊の撤収に一時的な影響を与えた。

七月七日、河村師団長は「一師作命甲第一三七号」をもって、乾岔子島事件のために新たに配属されていた軍直轄部隊の主力を原所属に復帰させ、順次出動諸隊を概ね事件発生前の態勢に復帰させることを命じた(129)。これを受けて七月九日午前九時五十分、小泉旅団長は一部を残しつつも江岸配置部隊を遜河、小河西（シャオホーシー）に集結させるための命令（「歩一旅作命甲第一一三号」）を隷下に下達した。しかし同日午前十時三十五分、第一旅団に盧溝橋での日支両軍の交戦を知らせる「一師参電第一八号」が届いた。これにより、第一師団隷下部隊の撤収については別命を待つことになり、現在の位置で警戒を続けることになった(130)。

その後、午後四時三十分に河村師団長は「一師作命甲第一三九号」を発令し、第一旅団に対して七月二日に下達した水路遮断の解除と施設した防材の撤去を命じた。これを受け、午後九時に小泉旅団長は隷下に水路遮断解除を命じた(131)。

北支情勢に変化はあったものの、七月七日以降もソ連側に目立った挑発行為はなく、紛争地は平静を維持していたことから、七月十一日午前五時、小泉旅団長は師団命令に基づいて次の旅団命令を下達した。

歩一旅作命甲第一一五号
歩兵第一旅団命令　七月十一日午前五時
於　孫　呉

一、紛争地附近一般ニ平静ニ帰ス師団ハ一部ヲ紛争地附近ニ残置シ主力ヲ原駐地ニ帰還セシメラル
二、旅団ハ一部ヲ残置シ主力ハ原駐地ニ帰還セントス[132]
（以下、略）

この命令により歩兵第四九連隊第二大隊、同速射砲中隊、同通信班の一部、同工兵二個小隊と師団通信隊などを残して主力は撤収し、孫呉に集結することになった。しかし同日午前十時十五分、第一師団からの「一師参電第四十号」によって、北支情勢の再変化を理由に再び帰還を中止して、現在の集結態勢をもって警備任務を続行することになった[133]。警備を継続する中、七月十四日にようやく第一師団より帰還を許可する「一師参電第八七号」が発せられたため、第一旅団は同日午後九時に前記「歩一旅作命甲第一一五号」に示した帰還輸送を決定した[134]。

七月十五日には、帰還する各隊が孫呉に集結し、順次原駐地へと出発した。そして七月十八日に国境警備に任ずる一部部隊を除いて、全出動部隊が原駐地への帰還を完了した[135]。

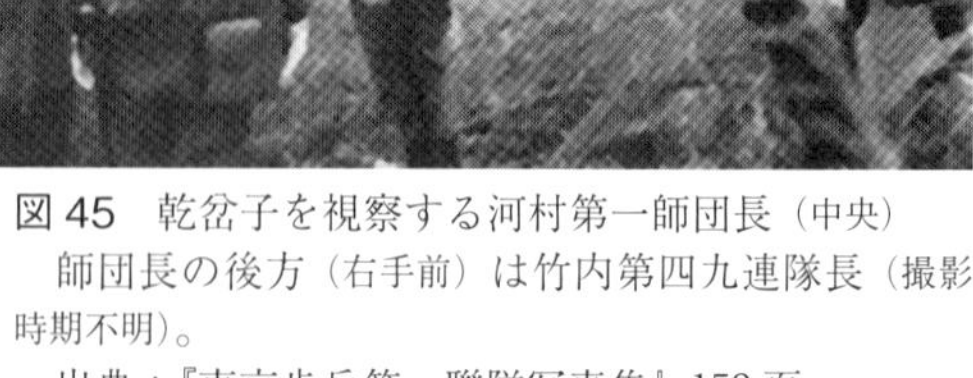

図45　乾岔子を視察する河村第一師団長（中央）
師団長の後方（右手前）は竹内第四九連隊長（撮影時期不明）。
出典：『東京歩兵第一聯隊写真集』153頁。

（四）沈没砲艇の引き揚げ

六月三十日の戦闘でソ連砲艇を撃沈した後、関東軍参謀部第二課（情報）は、沈没砲艇にソ連の暗号書がある可能性を思いつき、旅順から潜水夫を飛行機で招聘して揚収することにした(136)。臨時飛行機で派遣された潜水夫六名は、七月二日午後四時に孫呉に到着した(137)。その後夕方には孫呉を出発して現地に向かったが、潜水捜査の実施は諸種の都合から七月五日に予定された(138)。

砲艇が沈没した場所は、乾岔子島から約七〇〇mの島陰の位置で、満洲国側水道内だったため、ソ連側の妨害を受ける心配がなく具合が良かった(139)。さらに砲艇は帆柱を四〇cmほど水上に露出しており、正確な位置の特定も容易であった(140)。

実際の潜水作業は、当時二、三日来続いた雨の影響もあり、予定日を過ぎた七月六日午前から開始された。しかし、雨の影響で川は増水し濁っていた上、強い水流によって船体が横倒しになっており開扉できず作業は難航した。そのため扉の爆破を再三試みたが上手くいかず、遂に暗号書の揚収は不成功に終わった。その代わり、潜水夫は約六〇cmの長三角形の砲艇標旗を回収することに成功した。この標旗は、その後長い間、関東軍司令部作戦室内の西側の壁にピンで止められて飾られていた(141)。

一方ソ連としては、日本側の潜水実施の有無にかかわらず、撃沈された砲艇の回収を求めることは、その立場上当然のことであった。七月八日午後二時、リトヴィノフ外務人民委員は重光大使を外務人民委員部に召致し、ソ連として沈没砲艇の引き揚げの意向があることを伝達し、日満側がこれに対して適当な措置をとることを求めた(142)。ソ連にとっては、満洲国側水道に沈没した砲艇を引き揚げなくてはならなかったため、交渉には慎重な態度が求められたはずであった。しかし、盧溝橋事件（七月七日）に端を発して、次第に北支情勢が悪化すると、ソ連の交渉態度は強硬なものに変化した。日本側は支那事変につけ込んでの態度の変化であることを理解していたため、砲艇の引き揚げについていたずらに譲歩的態度を取ることは、ソ連に足元をみられて将来に禍根を残すため避けるべきだと判断していた[143]。

ただし、それはソ連の砲艇引き揚げの要求を拒否するということではなかった。引き揚げに際し、ソ連が満洲国に対して乾岔子島の使用許可を取ることになれば、同島が満洲国領であることをソ連に承認させるに等しく、日満側には好都合だったからである。もちろんこの手続きについてはソ連側の反発も予想されたため、実際にはソ連が満洲国の了解を得る程度に留めることが得策であると考えていた[144]。

こうした考えから、日本側は沈没砲艇の引き揚げについては、満ソ間の直接交渉を建前にするべきだという判断に至り[145]、モスクワで行われた日ソ間交渉の結果、沈没砲艇の引き揚げは満ソ間交渉によって解決を図ることになった[146]。

その後、七月十六日に駐哈爾浜ソ連総領事代理ステパン・クズネツォフ（C. M. Кузнецов）[147]より、満洲国に対して砲艇の引き揚げに関する申し入れがあったため、満洲国側は翌十七日に次の条件を付して引き揚げを許可する旨を回答した。

（一）　引揚船ノ来航期日等ハ満側ノ指示ニ従フコト
（二）　引揚作業ヲ行フ際満領ノ島嶼ヲ使用スル必要アル場合ニハ満側ノ許可ヲ求ムルコト
（三）　引揚ニハ武装船艇ヲ使用セサルコト
（四）　「ソ」側ハ国境河川ニ於ケル自由航行ヲ妨害セサルコトヲ確認スルコト

（五）乾岔子島事件中「ソ」側ニ収容セラレタル満人ノ身柄、死体及物品ヲ返還シ且破壊又ハ奪取セラレタル財産（点灯夫小舎、石油等）ヲ復旧又ハ返還スルコト[148]

これに対してソ連は、条件(一)と(三)はともかく、他の三条件は砲艇の引き揚げに関係がないため別個に交渉すべきものであると回答した。満洲国側は、条件(四)は撤回しても差し支えないと返答したが、他は譲らず満ソ間交渉は容易にはまとまらなかった[149]。

こうした事態を受けて、ソ連は九月十八日と三十日に東京のソ連全権代表部（ソ連大使館の旧称）を通じて、日本側に斡旋を依頼した。特に三十日の依頼は、ミハイル・スラヴツキー駐日全権代表（ソ連大使の旧称。以下、大使。スラヴツキーは一九三七年七月二十七日に駐哈爾浜ソ連総領事から駐日ソ連大使に転補。五六頁参照）が、堀内謙介外務次官と会見し直接依頼するなど、満洲国に対する日本の働きかけを強く希望していたようである[150]。この六月三十日の会見では、スラヴツキー大使が過去に朝鮮半島北部でソ連が拿捕・抑留した満洲国の漁船の釈放と、今回の沈没砲艇の引き揚げ合意及び過去に黒河で満洲国が拿捕・抑留したソ連汽艇の釈放を交換的に処理したいと申し出た[151]。

このようにソ連側が交渉を急いだ理由は、黒龍江の氷結期が迫っていたことが考えられる。黒龍江は毎年十月頃から凍りはじめるため[152]、本格的な氷結の前に引き揚げを完了しないと、翌年の春の解氷後まで作業ができなくなってしまうという事情があった。

その後、日本の斡旋もあり、満ソ間では沈没砲艇の引き揚げと抑留されている相互の船舶の引き渡しを目的とした交渉が開始され、両者はソ連側が砲艇を引き揚げることに合意して、十月二十日に哈爾浜で協定を成立させた（以下、哈爾浜協定）。しかし、十月二十二日にソ連が引き揚げ用の汽艇を差し向けたところ、現地において満洲国がこれを許可せず引き揚げ作業を行うことができなかった。この出来事を受けて在京のスラヴツキー大使は、再び堀内次官を訪問して日本の斡旋を要望した。日本が再度斡旋した結果、ソ連は十月二十四日に砲艇の引き揚げに着手し、同二十九日に作業を終了した(153)。

また哈爾浜協定に基づき、満ソ間では相互の抑留船舶について、次のことを実行及び決定するに至った。

（イ）昭和十二年五月二十日、満洲国側に抑留された「ダリレス」所属汽艇は、十月二十五日に引き渡しを完了した（乗組員四名は、ソ連側が満洲国航政局作業船「興凱号」の白系ロシア人船長「クヅネツォフ」及び満人乗組員二名の引き渡しに応じない関係上、満洲国に引き続き抑留する）。

（ロ）昭和十二年七月十八日、卡倫山附近においてソ連側に抑留された満側帆船二隻は積荷とともに十月二十七日引き渡しを完了した。

（ハ）昭和十一年六月六日、興凱湖において抑留され、氷結のため引き渡し不能になっていた満側帆船は、腐朽したため先ず積荷を引き渡す。

（ニ）昭和十一年ソ連側に抑留された北満金鉱会社汽艇「興安号」は、昭和十三年航行開始期に、漠河地方において引き渡すべきことを満ソで確認する(154)。

満洲国は、ソ連の沈没砲艇の引き揚げに伴い、過去の抑留船や積み荷の交換的引き渡しを実現させるなど、戦果を外交的成果に結び付けることに成功した。

付記

本書の執筆過程で、歩兵第四九連隊に所属し、乾岔子島事件に参戦した故・加藤馨氏（当時、一等兵）が、二〇〇六年五月に残した「回顧録」（手書き）の存在を知った。一九三七年一月の入隊後すぐに渡満して、教育訓練が終わった後の同年六月に乾岔子島事件に参戦したことが記されている。加藤氏は後に家電量販店の株式会社ケーズホールディングス（ケーズデンキ）の創業者となる人物である。

加藤氏の「回顧録」は、戦史に特化したものではなく、経営者として自身の人生に影響を与えた出来事を振り返る内容で、その中の一つとして乾岔子島事件を取り上げている。したがって戦闘経過を詳細に記したものではないため、本文中での引用は控えたが、参戦者による貴重な回顧録であることに違いはない。本章の最後に加藤氏の「回顧録」にある、次の一節を紹介したい。

（前略）この6月にソ満国境のアムール河の中にある小さな島をソ聯軍が占領したとの事で我が部隊に出動命令が来て連隊長以下全員出動しました。この時の命令が無理だったらしく部隊は疲労困憊して現地に着いた頃は皆な口もきけない様に行軍で疲れてしまいました〔。〕この日の夜近くの満人の部落に野営しましたが隊長以下夜になって全員死んだようになって寝てしまいました。この夜に私は夜の10時から2時間歩哨になって番をしましたが時間が来ても誰も交代に来ずで私も夜が明る迄1人で歩哨（寝ないで番をする役）を寝たり起きたりし乍ら努めました（ママ）が若しソ聯軍が攻めて来たら我が部隊（約500名）は全滅になる所でした。私は今でもこの日の苦しさは死ぬより苦しい1日で人間は疲労困憊したら駄目と悟りましたので以後軍人生活中この教訓を守りました。[155]（〔　〕：引用者）

具体的な日付や地名などは書かれていないが、「連隊長以下全員出動」したとの記述から、河村恭輔第一師団長の命令による六月二十五日の第四九連隊の遜河方面への出動の際の回顧と思われる。

対ソ戦での過酷な行軍といえば、ノモンハン事件における二〇〇km行軍が有名であるが、乾岔子島事件での行軍も相当に過酷なものであったことが窺い知れる。加藤氏の残した「回顧録」は、本書で明らかにした乾岔子島奪回作戦に向けた攻撃準備の様子を、一兵士の実体験として回顧した貴重な資料である。

註

（1）樋貝義治『戦記・甲府連隊――山梨・神奈川出身将兵の記録――』（サンケイ新聞甲府支局戦記・甲府連隊出版委員会、一九六四年）一九六頁。

なお、第四九連隊の渡満は、出発が一九三六年五月八日の朝で、連隊主力が北安に到着したのが五月十七日である（第三大隊は黒河に到着）。

第四九連隊が北安に到着した日については、一九三六年六月十七日という説が流布しているが、これは誤りである。樋貝『戦記・甲府連隊』一二二頁では、五月八日に進発した第四九連隊が「五月十四日大連に上陸した。（中略）三日間満州の大地をひた走って、昭和十一年六月十七日、北満の要地、北安に到着した。（中略）甲府の兵営を出発してからすでに十日」（圏点：引用者）と記されており、前後の文脈から判断して五月十七日の北安到着を六月十七日と誤記したと思われる。この樋貝『戦記・甲府連隊』の誤った到着日は、山梨県の公刊県史である山梨県編『山梨県史　通史編6　近現代2』（山梨県、二〇〇六年）九〇頁にも引用されており、六月十七日北安到着説が流布している。

しかしながら、当時の報道を確認すると、第四九連隊の第一陣は、五月八日に甲府を出発し、五月十四日に大連に上陸、そして五月十七日に任地に到着したことが報じられている（『東京朝日新聞』（一九三六年五月九日、夕刊）、（一九三六年五月十五日、夕刊）、（一九三六年五月十八日、朝刊））。

（2）甲府聯隊写真集刊行委員会編『甲府聯隊写真集』（国書刊行会、一九七八年）九八頁。

（3）樋貝『戦記・甲府連隊』一九六頁。「付録24」JACAR（アジア歴史資料センター）Ref. C13010031600（第1画像目）、満洲国軍政の指導　昭和9年8月1日（防衛省防衛研究所）。

(4) 東京12チャンネル報道部編『証言　私の昭和史2』(學藝書林、一九六九年)一九四―一九五頁(以下、『証言　私の昭和史2』)。樋貝『戦記・甲府連隊』一九六頁。大路浩村「海外通信　極東―乾岔子事件一周年・在満ソ聯人の動向―」(『東洋』第四十一年七月号、一九三八年)一八三頁(国立国会図書館所蔵、書誌ID: 000000016885)。

(5)『証言　私の昭和史2』一九五―一九六頁。樋貝『戦記・甲府連隊』一九六―一九七頁。

(6) 田村俊夫「満州国江防艦隊始末記(上)」(『世界の艦船』No.103、一九六六年)六六頁。

(7) 樋貝『戦記・甲府連隊』一九七頁。椚義廣『関東軍命令　国境線を死守すべし　陸軍歩兵第四十九聯隊の終焉：付録　忘れ難き我が青春の地　北満再訪の記』(一九九一年、非売品、山梨平和ミュージアム所蔵)三四頁。宮杉浩泰「昭和戦前期日本軍の対ソ情報活動」(『軍事史学』第四十九巻第一号、二〇一三年)一〇〇頁。

(8) 樋貝『戦記・甲府連隊』一九七頁。

(9)『証言　私の昭和史2』一九六頁。

(10) 防衛庁防衛研修所戦史室『戦史叢書27　関東軍〈1〉　対ソ戦備・ノモンハン事件』(朝雲新聞社、一九六九年)三三二頁(以下、『戦史叢書27　関東軍〈1〉』)。第一復員局「乾岔子島事件の梗概　昭25・8調整」(防衛省防衛研究所戦史研究センター所蔵、満洲―ノモンハン―185)。赤松祐之『昭和十二年の国際情勢』(日本国際協会、一九三九年)四二頁。「執務報告　昭和十二年度欧亜局第一課／1937年」JACAR(アジア歴史資料センター)Ref. B10070097500(第33画像目)、執務報告　昭和十二年度欧亜局第一課／1937年(欧亜―22)(外務省外交史料館)(以下、JACAR: B10070097500)。同盟通信社「乾岔子不法占拠」(『同盟旬報』第一巻第一号、一九三七年)四〇頁。

金阿穆河島での拉致について、同盟通信社「乾岔子不法占拠」四〇頁では、「苦力の一部は拉致された模様で満洲国側で目下調査中である」と断定はしていないが、JACAR: B10070097500(第34画像目)では、事件終結後の満ソ交渉で満洲国がソ連に対して「乾岔子島事件中『ソ』側ニ収容セラレタル満人ノ身柄(中略)ヲ返還」することを求めており、上陸時に拉致されたと判断できる。

(11) 樋貝『戦記・甲府連隊』一九七頁。

松下満軍少尉の名は、満洲国軍刊行委員会編『満洲国軍』(蘭星会、一九七〇年、非売品)二四〇頁を参照。

(12) 樋貝『戦記・甲府連隊』一九七―一九八頁。

(13) 同右、一九八頁。

(14) 同右。

(15) 大久保俊次郎「対露暗号解読に関する創始並びに戦訓等に関する資料1／2」（防衛省防衛研究所所蔵、満洲—終戦時の日ソ戦—28）。小原豊「佐藤勝雄様」（『偕行』通巻四六二号、一九八九年六月号）二頁。
なお、乾岔子島事件における日本軍の情報収集活動については、宮杉「昭和戦前期日本軍の対ソ情報活動」九九—一〇四頁に詳しい。

(16) ゲオルギー・アルテミエヴィチ・クリノフスキー（Георгий Артемьевич Клиновский：一八九八—一九三八年）〔Жертвы политического террора в СССР 〈https://base.memo.ru/person/show/2776751〉（二〇一五年一月四日最終閲覧）〕。当時の階級は、歩兵第一旅団司令部「歩兵第一旅団乾岔子事件　戦闘行動詳報　昭12．6．26～12．7．18」通し番号九（以下、史料見開き左下に記載の番号を通し番号として漢数字で表記）を参照（防衛省防衛研究所戦史研究センター所蔵、満洲—支那事変—4）（以下、「乾岔子事件戦闘行動詳報」）。

(17) 大久保「対露暗号解読に関する創始並びに戦訓等に関する資料1／2」。
同史料では小原がこの情報を新京に提供した具体的な日付は記されていないが、同史料及び小原豊「満州における情報勤務（その二）六二、七、一五」（『傘寿翁交信録　その1～その39』（靖國神社靖國偕行文庫所蔵、受入番号52619［資料番号29—A］））の記述を総合すると、小原は事件発生当時会議のため新京におり、事件の発生を知ってすぐに飛行機で黒河出張所に戻り、その後三〇分で既に傍受済みだった当該重要暗号電報を解読して新京に送っていたことが分かる。

(18) 「乾岔子事件戦闘行動詳報」十七。
なお、同史料では、満軍調査隊が乾岔子島へ上陸した日時は六月十九日午前三時四十分になっているが、この日時は事件発生前で時系列として矛盾する。一連の出来事は、外務省編『日本外交文書　昭和期Ⅲ　第一巻（昭和十二—十六年　外交政策・外交関係）』（白峰社、二〇一四年）三三九頁で六月二十日と記されているため、日付を修正の上詳細を引用した（以下、『日本外交文書』）。

(19) 「乾岔子事件戦闘行動詳報」十七。

(20) 樋貝『戦記・甲府連隊』一九八頁。『戦史叢書27　関東軍〈1〉』三三四頁。
ソ連の狙撃師団名については、「乾岔子事件戦闘行動詳報」八・九を参照。なお、乾岔子島事件に登場する第六九狙撃師団は、第三コルホーズ師団を前身として一九三六年五月二十一日に編成された師団である。その後、一九四一年三月に第六九機械化師団に改編された。したがって、大祖国戦争（独ソ戦）期に活躍した第六九狙撃師団（一九四一年十二月編成）とは別師団である（Дриг Е. Механизированные корпуса РККА в бою. История автобронетанковых войск Красной Армии в 1940 - 1941 годах. Москва, 2005. С. 627.）。

駐屯地については、『偕行』（通巻四六二号）三頁及び大久保「対露暗号解読に関する創始並びに戦訓等に関する資料1／2」

を参照した。

　黒河出張所長だった小原豊によれば、先鋭は第十二狙撃師団の方で、第六九狙撃師団は第三コルホーズ狙撃師団を改編した「弱小部隊」との評価であった（『偕行』（通巻四六二号）二一―三頁）。
(21) 樋貝『戦記・甲府連隊』一九九頁。
(22) 「中山貞武少将随想日誌　乾岔子から蒙彊まで　昭和12年夏秋」（防衛省防衛研究所戦史研究センター所蔵。中央・戦争指導重要国策文書・八二七）（以下、「中山貞武少将随想日誌」）。
(23) 秦郁彦『日本陸海軍総合辞典　第二版』（東京大学出版会、一九九一年）一〇頁、一〇八頁。
(24) 「中山貞武少将随想日誌」。
(25) 同右。
(26) 同右。
中山貞武については、外山操編『陸海軍将官人事総覧（陸軍編）』（芙蓉書房、一九八四年）四〇八頁によれば、一九三七年八月一日に関東軍作戦課参謀に着任しているが、「中山貞武少将随想日誌」では、乾岔子島事件当時、関東軍の作戦課参謀として活動していた様子が記されている。また『戦史叢書27　関東軍〈1〉』三三六頁でも中山が関東軍作戦課参謀だったことが紹介されている。
(27) 『戦史叢書27　関東軍〈1〉』三三三頁。
(28) 小林龍夫・稲葉正夫・島田俊彦・臼井勝美解説『現代史資料(12)　日中戦争4』（みすず書房、一九六五年）四九九頁（以下、『現代史資料(12)　日中戦争4』）。
(29) 「中山貞武少将随想日誌」。
(30) 『戦史叢書27　関東軍〈1〉』三三三頁。
(31) 『現代史資料(12)　日中戦争4』四九九頁。
(32) 今岡豊『石原莞爾の悲劇』（芙蓉書房、一九八一年）二〇〇頁。
(33) 『戦史叢書27　関東軍〈1〉』三三三頁。
(34) 「乾岔子事件戦闘行動詳報」十七。樋貝『戦記・甲府連隊』一九九頁。
(35) 樋貝『戦記・甲府連隊』一九九頁。
(36) 武藤貞一『日支事変と次に来るもの』（新潮社、一九三七年）二一九―二二〇頁。

(37) 武藤は同様の内容を、武藤貞一「蘇満国境」(『文藝春秋』第十五巻第八号、一九三七年)一二二―一二三頁でも記述している。
(38) 樋貝『戦記・甲府連隊』一九九頁。
(39) 同右。
(40) 「乾岔子事件戦闘行動詳報」十七・十八。
(41) 同右、十八。
(42) 同右、十九・二十・二二。
(43) 同右、二三。
(44) 同右、二四。
守田義輝少佐については、樋貝『戦記・甲府連隊』一一九頁を参照。
(45) 「乾岔子事件戦闘行動詳報」二八。
(46) 同右、二九。
(47) 同右、二三・二四。
(48) 同右、二九・三十。
(49) 同右、三十。
(50) 「『カンチャーツ』事件関係綴」(大和ミュージアム〈呉市海事歴史科学館〉所蔵、SC124)。同綴の「一、経過概要」に収録されている(六月二十六日)の箇所を参照。
(51) 当時の参謀本部の作戦担当部課は、一九三六年六月五日の編成改正によって、それまでの第一課と第二課を合わせた第一部第三課(作戦・編制・動員)であった(秦『日本陸海軍総合辞典　第二版』五〇九―五一〇頁)。
(52) 今岡『石原莞爾の悲劇』二〇〇頁。
(53) 同右、二〇〇―二〇一頁。
(54) 「中山貞武少将随想日誌」。
(55) 同右。臨命は「総長指示の発翰記号」である(『戦史叢書27　関東軍〈1〉』一〇四頁)。
(56) 「中山貞武少将随想日誌」。
(57) 同右。

(58) 同右。
同資料には東條が作戦課案の採用を決めた日時について、「二十八日の午前四時になってしまい」と記述されているが、この翌日にソ連砲艇撃沈(本来は六月三十日の出来事)の緊急電報が入ったと記しているため、「二十九日の午前四時」の誤りと判断して修正の上引用した。同資料は六月二十八日以降の日付が一日ずれていると思われるため、以下「中山貞武少将随想日誌」は日付を修正して引用する。
(59) 同右。
(60) 今岡『石原莞爾の悲劇』二〇一頁。
(61) 「乾岔子事件戦闘行動詳報」三一。
権藤大尉の名については、『戦史叢書27　関東軍〈1〉』三三六頁を参照。
(62) 「乾岔子事件戦闘行動詳報」三一。
(63) 同右、三一・三五・三九。
右通し番号三五では「『ズウェリイヌイ』島南部北端ヲ占領」としており場所が判然としないが、通し番号三九では同島の「東北端ヲ占領ス」としている。

この上陸の際に偵察に出た部隊は、松川中尉を長として原軍曹(名不詳)、上野信男上等兵、今津一等兵(名不詳)、内田要一等兵、小泉勝雄一等兵、内藤辰夫一等兵の七名だった(樋貝『戦記・甲府連隊』二〇二頁)。
(64) 樋貝『戦記・甲府連隊』二〇二—二〇三頁。
(65) 「乾岔子事件戦闘行動詳報」四十の「小泉部隊配備要図(六月二十九日正子)」及び同、一二一の「二十八日夜二十九日日中」の図では、乾岔子島南部とズウェリイヌィ島南端に三原部隊がいたことを確認できる。
(66) 樋貝『戦記・甲府連隊』二〇六頁。
(67) 同右、二〇六—二〇七頁。
(68) 『証言　私の昭和史2』二〇〇頁。
(69) 「乾岔子事件戦闘行動詳報」三八。
(70) 「中山貞武少将随想日誌」。
(71) 同右。
(72) 同右。

(73)「乾岔子事件戦闘行動詳報」四二。樋貝『戦記・甲府連隊』二〇三頁。
樋貝『戦記・甲府連隊』二〇三頁では、三原部隊の乾岔子島からの撤退を六月二十九日の出来事として詳細に記しているが、一次史料に従い六月三十日に修正の上引用した（「乾岔子事件戦闘行動詳報」一二六でも、三原部隊の乾岔子島からの撤収は六月三十日となっている）。以下、樋貝『戦記・甲府連隊』は日付を修正して引用する。

(74) 樋貝『戦記・甲府連隊』二〇三頁。

(75) 同右。「乾岔子事件戦闘行動詳報」四二。

(76) グルーホフ・ミハイル・イヴァノヴィチ（Глухов Михаил Иванович：一八九三―一九四七年）〔Соловьев Д. Ю. Командиры дивизий Красной Армии 1941-1945 гг. Том 13. 2020. С. 7-8.（出版都市不明）〕。当時の階級は、歩兵第一旅団司令部「乾岔子事件戦闘行動詳報」九を参照。

(77)「島田文書」（101．乾岔子事件記事）（東京大学社会科学研究所図書室所蔵）（以下、「島田文書101」）通し番号五九（以下、史料左上に記載の番号を通し番号として漢数字で表記）。
この命令を傍受解読した機関は不明であるが、黒河特務機関か黒河出張所だったと思われる。

(78) 高松宮宣仁親王『高松宮日記　第二巻』（中央公論社、一九九五年）四五九頁。

(79)『満洲日日新聞』（一九三七年七月七日、朝刊）。

(80) Сутормин В. Благовещенский (Амурский) инцидент 1937 года // Арсенал Коллекция. №1. 2015. С. 47.

(81) 樋貝『戦記・甲府連隊』二〇四頁。『証言　私の昭和史2』一九八頁。歩兵第一聯隊速射砲中隊「歩兵第一聯隊速射砲中隊戦闘詳報　乾岔子事件（昭和十二年六月）察哈爾作戦（昭和十二年八月七日～十月四日）」（靖國神社靖國偕行文庫所蔵、受入番号：204202）（以下、「歩兵第一聯隊速射砲中隊戦闘詳報」）。

(82)「歩兵第一聯隊速射砲中隊戦闘詳報」。

(83) 同右。

(84)『満洲日日新聞』（一九三七年七月七日、朝刊）。「乾岔子事件戦闘行動詳報」四三。
最初に砲艇から攻撃を受けた江岸監視兵と吉岡小隊との関係は、引用先によって異なる。『満洲日日新聞』では「同艇は不法にも（中略）我一部隊に対し先づ機関銃を射撃し、次いで砲撃を開始せり、茲において吉岡小隊は直ちにこれに応戦す」とあり、最初に攻撃を受けた監視兵所属部隊と吉岡小隊が別部隊とも読み取れる。一方で「乾岔子事件戦闘行動詳報」では、通し番号四二・四三の記述から江岸監視兵も吉岡小隊の一員と読み取ることができる。本書では「乾岔子事件戦闘行動詳報」の記述を優先して、最初に攻撃を受けた江岸監視兵を吉岡小隊の一員と判断した。

(85) 小原「満洲における情報勤務（その二）六二、七、一五」。

この〝最右翼の機関銃部隊〟については、具体的な部隊名は分からない。ただし「乾岔子事件戦闘行動詳報」四八に収録の「乾岔子附近戦闘詳図」には、吉岡小隊より右翼に歩兵第四九連隊第二大隊隷下と思われる機関銃部隊が配置されていたことが確認できる。なお、日本側の威嚇射撃については管見の限り一次史料で確認できない。

(86) 『証言　私の昭和史2』一九七―一九八頁。樋貝『戦記・甲府連隊』二〇四頁。

(87) 「乾岔子事件戦闘行動詳報」四三。

(88) 「歩兵第一聯隊速射砲中隊戦闘詳報」。

(89) 同右。

(90) 『満洲日日新聞』（一九三七年七月七日、朝刊）。

(91) 「歩兵第一聯隊速射砲中隊戦闘詳報」。

同史料では、第三番艦は「右舷」を高野中隊に向けていたと記されているが、同史料の附図第一及び第二から「左舷」の誤りと判断して、修正の上引用。

(92) 歩一・「檜二会」編（編集責任者藤田馨）『激動の昭和に生きた我等の歩み』（歩一・「檜二会」、一九八〇年、非売品、昭和館所蔵）二二八頁。同書で藤田は、砲艇撃沈は自身が発射した榴弾の命中によるものと記述している。しかし同書は砲艇四隻の内の「二番艦」を沈没したとするなど、重要な部分で一次史料と食い違う点がある。したがって、藤田の撃沈の主張は本註での紹介に留め、撃沈の経緯は「歩兵第一聯隊速射砲中隊戦闘詳報」に依拠した。藤田分隊長の所属と階級は、「歩兵第一聯隊速射砲中隊戦闘詳報」を参照した。

(93) 「歩兵第一聯隊速射砲中隊戦闘詳報」。

阿部分隊長の階級については、歩一・「檜二会」編『激動の昭和に生きた我等の歩み』二二六頁を参照した。

(94) 『満洲日日新聞』（一九三七年七月七日、朝刊）。Сутормин. Указ. соч. С. 52.

(95) 「中山貞武少将随想日誌」。

(96) 同右。

こうしたソ連側の混乱状況については、七月一日午後に東條参謀長から中央へ報告されている〔「島田文書」（100・乾岔子事件関係電報綴）（東京大学社会科学研究所図書室所蔵）〕通し番号二〇三・二〇四（史料左上に記載の番号を通し番号として漢数字で表記）。

(97)「中山貞武少将随想日誌」。

(98)「島田文書101」五五。
この命令を傍受解読した機関は不明であるが、黒河特務機関か黒河出張所だったと思われる。

(99) この報告と前後の情報活動については、宮杉「昭和戦前期日本軍の対ソ情報活動」一〇一―一〇二頁に詳しい。

(100) 関東軍はこの傍受電の内容を関東軍参謀長発次長宛、関電第七七六号（七月一日午後三時発）にて中央に送っている（「島田文書101」五四―五六）。

(101) 位置は図20（七二頁）を参照。紅毛鶏北方の「無名島」については、宇治田直義編『東亜情報　満蘇国境紛争事件の全貌』（東亜同文会、一九三七年）二七頁で、「砂子溝口島」という名称を確認できるが、引用元に準拠し本文では「無名島」と表記した。

(102)「中山貞武少将随想日誌」。

(103) 同右。

(104) 同右。

(105)『現代史資料（12）　日中戦争4』五〇〇頁。

(106) 公益財団法人新聞通信調査会デジタルアーカイブ〈https://www2.i-repository.net/il/cont/01/G0000002chosakai/000/893/000893742.jpg〉（レコードNo. F01_1937_0701(0)07063）（二〇二五年一月四日最終閲覧）。

(107) 同盟通信社「乾岔子事件」（『同盟旬報』第一巻第二号、一九三七年）一八頁。

(108) 同右。

(109)「極秘第七十号　皇帝陛下ト植田大使トノ会談要領」（『林出賢次郎関係文書』外務省外交史料館所蔵、史料件名：厳秘会見録控第一号第二号第三号、分類番号：秘。同会見録の第三号に収録）。
同史料の所在は、宮杉「昭和戦前期日本軍の対ソ情報活動」一〇二頁の註（36）を参照した。

(110)『日本外交文書』三六五頁。

(111)『戦史叢書27　関東軍〈1〉』二三五頁。

(112) 中村敏『満ソ国境紛争史』（改造社、一九三九年）二四八頁。

(113) 今岡『石原莞爾の悲劇』二〇二頁。

(114) 外務省調査部編『「ソ」聯邦重要事項誌（一九三七年度）』（外務省調査部、一九三八年、国立国会図書館所蔵、書誌ID:

000000722280）一二一頁。
(115)「乾岔子事件戦闘行動詳報」五十・五一。
(116)同右、五三―五五。
(117)同右、六一・六六。
(118)同右、五九・六十。
(119)「島田文書101」八十・八二。
(120)「乾岔子事件戦闘行動詳報」五九・六一。
(121)同右、六六・六七。
(122)同右、六九・七十。
(123)同右。
(124)同右、七三・一四八。
(125)同右、一四九。
(126)同右、七四・七五・一五〇。
(127)同右、七四。
(128)同右、七八。
(129)同右、七六。
(130)同右、八一―八三。
(131)同右、八三。
(132)同右、八八。
(133)同右、八八―九十。
(134)同右、九七。
(135)同右、一〇一・一〇五。
(136)「中山貞武少将随想日誌」。
(137)「乾岔子事件戦闘行動詳報」五六。
(138)「『カンチャーツ』事件関係綴」。同綴の「一二・関係電報令達―（四）駐満海軍部電」に収録されている「一二・七・三・駐

満海司令官発次官・次長宛　機密第一六一番電　其ノ一、二」を参照。
「乾岔子事件戦闘行動詳報」六二。潜水を七月五日に予定した理由は不明だが、前述のとおり七月五日が水路遮断作業の完了日だったことを考慮すると、水路遮断を見越しての予定日だったとも考えられる。

（139）「中山貞武少将随想日誌」。赤松『昭和十二年の国際情勢』五三頁。

（140）「『カンチャーツ』事件関係綴」。同綴の「一二　関係電報令達―（十七）関東軍電」に収録されている「昭一二・七・五・関東軍参謀長発次官・次長宛　秘関電第八〇三号」を参照。

（141）「乾岔子事件戦闘行動詳報」七六。「中山貞武少将随想日誌」。

（142）『東京朝日新聞』（一九三七年七月十日、朝刊）。

（143）「「ソ」側沈没砲艇引上問題に関する件」JACAR（アジア歴史資料センター）Ref. C01003280400（第２・３画像目）、昭和12年「満受大日記（密）」（防衛省防衛研究所）。

（144）同右（第３～５画像目）。

（145）同右（第６画像目）。

（146）JACAR: B10070097500（第34画像目）。

（147）ステパン・マトヴェーエヴィチ・クズネツォフ（Степан Матвеевич Кузнецов）〔Славуцкая А. М. Всё, что было...: Записки дочери дипломата. Москва, 2002. С. 25〕。

（148）JACAR: B10070097500（第34画像目）。

（149）同右。

（150）同右（第35画像目）。ミハイル・スラヴツキーの転補については、Общество «Россия-Япония». Полпреды Республики Советов. ЕГО СПАСЛА ДОЧЬ СТАЛИНА〈http://russiajapansociety.ru/?p=56384〉（二〇一五年一月四日最終閲覧）を参照した。

（151）「「ソ」側砲艇の引上及張家口領事の消息に関する件」JACAR（アジア歴史資料センター）Ref. C01003307100（第13・14画像目）、昭和12年「満受大日記（密）」（防衛省防衛研究所）。

（152）『証言　私の昭和史２』一九五頁。

（153）JACAR: B10070097500（第35画像目）。

（154）同右（文体を現代語に変換して要旨を表記した）。

（155）加藤馨「回顧録」（二〇〇六年、株式会社加藤馨経営研究所所蔵）。

第四章　外交交渉

六月三十日、現地では関東軍によるソ連砲艇撃沈という重大事件が発生したが、七月二日にモスクワで交渉中だったマクシム・リトヴィノフ外務人民委員は、重光葵駐ソ大使に対してソ連側兵力と艦艇の一方的な引き揚げを申し出た。このリトヴィノフの申し出により、乾岔子島事件は落着することになったが、この時ソ連は既に乾岔子島と金阿穆河島を占領しており、リトヴィノフの申し出は、ソ連の軍事的な成果を外交的に放棄することを意味していた。

本章では、乾岔子島事件の謎の一つであるソ連の撤収提案の理由について、全般的な外交交渉の経緯を明らかにしながら考察する。

一　事件勃発後の交渉

（一）重光葵大使の抗議

一九三七年六月十九日にソ連国境警備兵が乾岔子島に上陸した後、満洲国が外交上の抗議を開始したのは六月二十一日からである(1)。

六月二十一日、満洲国外交部は施履本北満特派員を通じて、駐哈爾浜ソ連総領事のミハイル・スラヴツキーに対して、ソ連の不法行為について口頭で厳重抗議を行った。さらに六月二十四日には満洲国外交部は書類をもって厳重抗議を行った(2)。一方ソ連は、駐哈爾浜ソ連総領事代理ステパン・クズネツォフより施特派員宛ての六月二十五日付抗議文をもって、六月二十日に日満部隊がセンヌハ（乾岔子）島に現れ、島に接近したソ連国境警備隊とソ連側江岸に射撃を行ったとして、これに抗議した(3)。これに対して翌二十六日午前十一時に、今度は満洲国政府の命を受けた施特派員が、クズネツォフに対して厳重な抗議を行った(4)。さらに六月二十八日、満洲国外交部は再度施特派員の口頭をもって、クズネツォフに迅速な回答と責任者の処罰及び満洲国領からの部隊の撤退を要求した(5)。

当初、乾岔子島事件は満ソ間の外交問題として扱われていたが、六月二十八日に日本の参謀本部が乾岔子島の武力奪回中止の臨命を関東軍に送り、外交交渉による解決を優先させることを決定したことで、この問題は日ソ間の外交交渉へと移行した。

六月二十八日の夕刻、モスクワの重光大使はかねてからの約束だった米国の『クリスチャン・サイエンス・モニター（*The Christian Science Monitor*）』紙の特派員夫妻の招きで、宮川船夫（ふなお）一等書記官とともに外出していた。多くの米国人記者と晩餐をともにして、ソ連問題について意見交換を行っていたが、その席上、廣田弘毅外務大臣発の緊急極秘電報が日本大使館の事務所を通じて重光大使に届けられた。(6) その内容は、次のとおりである。

昭和十二年六月二十八日発電
黒龍江上満領島嶼不法占拠ニ対シ注意喚起
事態不拡大上有効措置方勧告ノ件

廣田外務大臣

在ソ　重光大使

第二七三号　大至急（極秘）
在満大使発本大臣宛電報第四七八号末段ニ関シ
問題ノ乾岔子（カンチャツ）島（センヌーハ）及金阿穆河（チンアムホ）島（ボリシヨイ）ハ多年満領トシテ満「ソ」双方ノ間ニ認メラレ来レルモノニシテ（二十五日関東軍発貴館陸軍武官宛電報参照）今回突然「ソ」側官憲カ右両島ヲ不法占拠シ且又国境河川タル

黒龍江本流ノ満側艦船ニ依ル航行ヲ阻止スルノ措置ニ出テタルコトハ（満発本大臣宛電報第四六四号其他参照）痛ク満側ヲ刺激シ同方面ノ事態緊迫セリト認メラルルニ付テハ大至急「リトヴィーノフ」又ハソノ代理ニ会見ノ上右ノ事情ト共ニ同方面ノ事態ノ異常ニ緊張シ居ルコトヲ述ヘ満洲国ト共同防衛ノ関係ニアル帝国ハ斯ル満「ソ」間ノ事態ニ対シ深甚ノ関心ヲ有シ極東平和ノ見地ヨリ速ニ事態ノ平静ニ帰スルコトヲ希望スルモノナルヲ以テ「ソ」中央ニ於テ前記島嶼ヲ占拠シ居ル「ソ」兵ノ撤退、黒龍江航行ヲ阻止スル措置ノ撤去等事態不拡大上有効適切ナル措置ヲ「ソ」側出先ニ於テ速ニ執ル様遅滞ナク手配方強ク勧告スル旨申入レラレ先方ノ態度電報アリ度シ満へ転電セリ(7)

なお、本訓令の発出には、外務省の東郷茂徳欧米局長の働きかけが影響を与えたようである。東郷局長は陸軍省軍務局より乾岔子島事件勃発の申し出を受けた際、直ちに武力的解決を図るのではなく、まずは交渉による解決に努めるべきだと派兵に強く反対し、重光大使にソ連側との折衝をさせることを主張した(8)。

重光大使の手元に訓令が届けられた時、既に午後十時を過ぎていたが、同伴していた宮川書記官はすぐに外交ルートを通じてソ連側に会見を申し込むべきだと重光大使に進言した。宮川書記官は訓令の内容からして、このようなことは至急処理する必要があり、もし遅れれば受け身になって非常に損であるため、今夜中に会見を申し込むべきだと主張した。既に時間がかなり遅いことについても、ソ連側は自分に用事がある時には夜中であっても日本大使を外務人民委員部に呼び出すこと、特にかつてゲオルギー・チチェーリン（Г. В. Чичерин）が外務人民委員を務めていた時代には、午前二時、三時でも平気で呼び出していたことを理由に、日本側も用事がある場合には夜でも会見を申し込むことは当然だと主張した(9)。

重光大使も訓令の内容からみて行動に遅滞を許さないことに同感だったため、宮川書記官の進言どおり六月二十八日の夜に、リトヴィノフ外務人民委員に面会を申し込むことにした。しかし、あいにくリトヴィノフは郊外に赴いており不在だったため、次席のボリス・ストモニャコフ外務人民委員代理に面会を申し込んだ。ストモニャコフは既に退庁後であったが、連絡を取り深夜十二時（六月二十九日午前〇時）に会見することができた(10)。

重光大使は宮川書記官を通訳として伴い、訓令に従い主に次の四点をソ連側に申し入れた。

一、ボリショイ、センヌハ両島をソ連国境警備兵が占拠しているのは不当である。

二、黒龍江の主流は島の北側を流れていることから、国際河川の原則(11)により、この島々は明らかに満洲国に属している。

三、ソ連兵の行動は満洲国の主権の侵害である。もしソ連兵が速やかに撤退しなければ、国境警備にあたっている日本軍との衝突が起こる恐れがある。

四、該島の南側をソ連船舶が通過することも満洲国では違法とみているため、これも止めてほしい(12)。

こうした申し入れに対し、ストモニャコフは両島の事件については承知しているが、これは重光大使が述べた原因に基づくものではなく、日満側が一八六〇年に露清間で締結された北京条約の規定に反して両島の占領を企図していることと、日満艦船がポヤルコワ水道を不法に通過したことが原因であると反論した。さらに両島の帰属については、北京条約の翌年に交換された同条約附属地図を根拠としてソ連領であると主張した(13)。

これに対し重光大使は、センヌハ、ボリショイ両島が満洲国領土であることは、日本政府において満洲国政府とともに何ら疑いがなく、ポヤルコワ水道が黒龍江本流（主航路）であることも徹底調査の上で申し入れをしていると、日本政府の立場を繰り返し声明した。続けて北京条約及び一九三四年締結の満ソ水路協定によって、黒龍江本流の中心線が満ソ国境を成すと反論した。[14]島の帰属についても、水路協定の第五条に従って、既に満洲国が二島での立標を実施し、満洲国航政局員が島に駐在してその管理を行っている事実から、両島が満洲国領であることは疑いがないと述べた。そして、これらを根拠とした上で、両島の占領及び水路妨害により生じる一切の責任はソ連側にあると警告した。その一方で日本政府は東亜の平和のために緊張した事態を緩和することを切望しているとも述べ、ソ連側がこの不法を匡正することで緊張状態を解くように勧告した。[15]

ストモニャコフは水路協定について、そもそも同協定は国家間の協定ではなく、船舶・航政局間の協定であるため国境を規定すべき性質を持っておらず、国境に関する規定もないと重光大使の主張の根拠を否定した。そして、重光大使のいう緊張した事態を緩和する唯一の方法は、日本政府が満洲国に「インフルエンス」を与えて、国境に関する条約を厳守することであると日満側に対応を求め返した。[16]

重光大使は、ストモニャコフが自説の根拠としている北京条約について、同条約では黒龍江の本流を満ソ国境としていることは明らかであると反論した。附属地図の内容については承知していないことを認めつつも、その後刊行されている地図からも両島が満洲国領土であることに疑いはなく、水路協定も国境が黒龍江の本流であることを前提としているとして、ソ連側の反省と適切な処置を再度勧告した。[17]

ストモニャコフは、重光大使の勧告について、申し入れについては詳細を政府に報告すると返答しながらも、日本軍がこれ以上の「ステップ」を取らないことを希望するが、そうでなければさらなる重大な紛糾が生じた場合の責任は、日本政府にあると牽制した。これに対して重光大使は、不法行為を行っているのはソ連側であるため、満洲国は日本軍の援助を得てその不法の事実を訂正する権利があると牽制を撥ね除けながらも、日本政府が平和的解決を願っているが故に、このように外交的に申し入れていることを再び強調した[18]。

ここまでの重光大使の発言を受けて、ストモニャコフは満洲国に発生する事件に対する責任は、満洲国ではなく日本にあると感知すると述べた。満洲国は背後に日本がいなければ為すべきでないことも、日本がいることで敢えて為すことができるため、その責任はすべて日本にあると本問題における日本政府の責任を問い質した[19]。

これに対し重光大使は、日本は満洲国と共同で満洲国の主権を防衛することになっており、そのことについてソ連側に誤解はないと考えていると応じた。ストモニャコフは、日満議定書についてはソ連側も誤解なく承知しているが、自身の発言の趣旨は、本件について満洲国がソ連に対して取る措置の責任は、全部日本にあるということだと繰り返した[20]。

重光大使は、日満共同防衛については前言を繰り返す他ないが、問題は本件が満洲国の国境に関係しており、満洲国防衛に参加する義務のある日本としては事態を重大視し、本日の勧告を行っている次第であると述べた。

この第一次重光・ストモニャコフ会見は、両者が主張を交わすだけに留まり、六月二十九日午前一時三十分に終了した[21]。

図46　リトヴィノフ(左)、ストモニャコフ(中)、重光葵（右）
重光葵駐露大使の信任状捧呈式の様子(1936年)。
提供：朝日新聞社。

（二）　リトヴィノフの提案と重光大使の誤解

ストモニャコフとの会見から半日後の六月二十九日午後一時三十分より、重光大使はリトヴィノフ外務人民委員との会見に臨んだ。[22]

冒頭、重光大使はストモニャコフに日本政府の訓令を伝達したが、事件の重要性に鑑み本日さらに貴委員に深甚なる注意を促そうとする次第である、と改めてソ連側に対応を求める姿勢を示した。リトヴィノフは、前夜の会見内容については報告に接しているが、問題の二島は北京条約及び附属地図によってソ連に帰属することは明らかで、ソ連人民もこれらの島で古くより耕作に従事していると述べ、帰属問題ではストモニャコフと同様の主張を繰り返した。そして、ソ連側としては事件を武力衝突により解決しようとはしておらず、平和裏に解決しようとしているが、相手が力を使用するのであれば、こちらも権利と領土を守るために力をもって応じると返答した。[23]

重光大使はこの会見冒頭のやりとりを踏まえて、次の三点をリトヴィノフに伝えた。

一、二島が満洲国に帰属することは極めて明瞭で疑いがない。

二、満ソ間の国境画定につき決着をみないのは、ソ連側の態度に問題があるが、日本政府は問題の妥結を希望しており対ソ国交を重視している。

三、本件につき、ソ連の方針が武力に訴えることを回避する趣旨と伺い満足である。[24]

この内一点目の帰属について、重光大使は北京条約では黒龍江をもって国境とする旨規定しているため、国際河川の通念上具体的な国境は主流で決定されるべきであり、黒龍江の主流は乾岔子島と金阿穆河島の北側であることから、二島は満洲国に所属していると主張の根拠を伝えた。また北京条約附属地図については改めて承知していないとしつつ、地図は未だかつて外部に発表されたことがないと指摘した(25)。

これに対してリトヴィノフも、この問題の法的根拠となる璦琿条約、北京条約では単に黒龍江をもって国境とすると規定されているだけで、島の帰属については規定されていないことについては認めた。したがって他に特別な規定がなければ主流が国境になるが、問題の地点については国境線を明確にするために附属地図上に赤線で表すことになっていると主張した。そして、附属地図上で両島の南側に赤線が引かれていることをもって二島はソ連領だと反論した。さらに満洲国が地図を紛失、あるいは発見する意欲がないからといって、条約の附属地図を無視することはできないと述べた上で、地図を承知していない重光大使に対して、「右ノ地図ハ向フノ机上ニアルヲ以テ貴覧ニ供シ得ヘシ」と北京条約附属地図の確認を迫った(26)。

重光大使は、附属地図ではなく条約で黒龍江を国境と規定している以上、その主流が境界線であり、そうでなければ国際河川は無意義になるとして、条文と国際慣例（タールヴェークの原則）の優越を主張した。また地図の確認については、他日機会があるかもしれないが本日は拝見する意向はないと謝絶した(27)。

リトヴィノフは、大使に地図をみる意向がないことを遺憾としつつ、たとえ主流で国境を規定するにしても、主流は島の南側を通っていると主張した。そして、別の切り口として「是等ノ島ハ最近迄露西亜名ヲ有セリ」と述べた(28)。これは前日のストモニャコフとの会見で、重光大使が二島をロシア語名で呼びながら満洲国領と主張した矛盾を指摘していると思われる。そして、この後リトヴィノフは、日本側に事件解決のための具体的な提案を行った。この発言記録は重要なため、外交文書の原文に従って次に記す。

蘇側トシテハ事件ニ対シ過大ノ意義ヲ附スルコトヲ不可ナリト為ス意見ナリ中央トシテハ問題ノ島ヲ占領スル様何等指令ヲ与ヘタルコトナシ唯地方軍権カ現存条約及地図ニ依リテ行動スル権利アリト考ヘ必要ト認ムル場合両島ニ部隊ヲ派遣スルモ差支ナシト考ヘタルモノナリ蘇側トシテ必要ノ場合力ニ対シテハ力ヲ以テ対抗スル用意アリ殊ニ問題ノ地方ニハ充分ノ兵力アル次第ナルモ露人ハ武力衝突ヲ欲セス常ニ之ヲ避クルコトニ努メタリ自分ハ茲ニ貴使ニ対シ次ノ提議ヲ為ス用意アリ即チ双方問題ノ島ヨリ武装力ヲ撤去シ原状ヲ回復シ直ニ此ノ島ニ付外交交渉ニ入ランコト是ナリ(29)（傍線：引用者）

ソ連国境警備兵による乾岔子島の占領については、第三章で検討したとおり、対ソ情報活動により関東軍には現地部隊の独断との報告が入っていたが、このリトヴィノフの発言記録は、その情報を裏付ける有力な材料である。そして、その信憑性を高めているのはリトヴィノフの提案内容である。リトヴィノフは日ソ双方の部隊を撤収させて原状回復を行った後に、外交交渉で帰属問題を決着させることを提議している。つまりソ連は既に武力により占領した両島から兵力を引き揚げてでも、この問題を沈静化させることを優先しようとしていたのである。島の占領にソ連中央の戦略的意図があった場合、このような提案を行うとは考えにくいため、ソ連中央が乾岔子島の占領を命じていないという発言の信憑性は高いと思われる。

一連のリトヴィノフの指摘と提案に対して、重光大使はまず両島の名称について、島には満洲国名もあり、かかる瑣末な議論は重要ではないと一蹴した。そして原状回復の提案については、「先ツ原状回復ヲ為シ問題ノ島ヲ完全ニ満側ノ管理ニ移スコトカ先決問題ト考フ」として、兵力の撤収だけではなく、二島を満洲国の主権下に復帰させることが国境画定交渉の前提だと主張した[30]。

リトヴィノフは、ソ連にはソ連と日満が双方的に兵力を撤収することで紛争前の状態を回復する用意があり、この基礎においてのみ協定可能だと提案を繰り返した。重光大使は兵力の撤収につき、そもそも事件の発端はソ連側が武力をもって島を占領したことにあるため、ソ連側は兵力の撤収を要するが、日本側には撤収するものは何もないと反論した。さらに原状回復についても、紛争によって退去を余儀なくされた満洲国の人々が元どおり正業に従事できるようにするなど、総じて元どおりにすることが先決問題であると述べた[31]。

双方の意見に隔たりはあったが、リトヴィノフはこの問題を外交的に決着させることには本気だったようで、「蘇側ニ於テハ両島ヨリ撤去スルニ異議ナシ又集結シタル軍隊、艦艇ノ撤収ニモ異議ナキモ事態ノ緊張ヲ解消スル為ニ満側ニ於テモ同様ノ措置ニ出テラレンコトヲ希望ス尚是等ノ措置ニ付テハ期限ヲ附スルコトト為シテ可ナリ」（傍線：引用者）と撤収について期限を付すことも可能であると申し出た[32]。

重光大使はこの「リトヴィノフ提案」を本国及び新京に報告する旨回答し、午後三時三十分に会見は終了した[33]。そして会見後、重光大使は廣田外務大臣に次のとおり電報で報告した。

第五三〇号（大至急）

（中略）

二十九日更ニ「リトビノフ」ニ会見午後一時半ヨリ二時間ニ亘リ交渉ノ結果「リ」ハ土義上ノ問題ヲ離レ結局蘇側ニ於テ問題ノ両島ヨリ派遣部隊ヲ撤退シ原状ヲ回復スルコト及附近ニ集結セル武装力ヲ引揚クルコトニ異存ナシ日

本側ニ於テモ同様集結セル軍隊ノ引揚ヲ行ヒ形勢ノ緩和ニ資セラレンコトヲ希望スト提議スルニ至レリ（尚「リ」ハ右形勢緩和ノ処置ニ付日限ヲ附スルノ用意アルコトヲ附言セリ）本使ハ之ニ対シ今日ノ会話ハ早速政府ニ報告シ其ノ内容ハ新京ニモ通報スヘク同地ニ於ケル当局ハ之ニ考量ヲ払フモノト思考スル旨答ヘ置ケリ詳細追電ス(34)（以下、略。傍線：引用者）

一方ソ連では、会見翌日の六月三十日に共産党機関紙『プラウダ（Правда）』紙上で、この交渉についてタス通信を引用して、次のように報じられた。

（前略）ソ連政府はその平和政治に従い、係争問題の力による解決に意を傾けたことは一度もなく、いかなる時も問題を議論の対象にする用意ができている。この平和政治に則り、リトヴィノフ同志は、ソ連側も日本側も両島の兵力及び付近の艦艇を召還し、その後より落ち着いた状態でこれらの島について外交交渉を継続することを大使に提案した。重光大使はこの提案を日本国政府及び関東軍司令部に伝えることを約束した。同時に、双方とも予期せぬ行動によって事態が複雑化しないよう、すべての必要な措置を取ることを約束した。(35)（傍線：引用者）

この二つを比較すると、「リトヴィノフ提案」に対する日本とソ連の認識が重要な部分で異なっていたことが分かる。本来の「リトヴィノフ提案」の趣旨は、双方同時撤収に日本が同意するのであれば、ソ連はその本気度と誠意を示すために期限を付して撤収してもよいというものであったが、重光大使はソ連が期限を付して一方的に撤収するので、日本側にも撤収してほしいという意味で理解していた。日本側の交渉記録からも、「期限ヲ附ス」の意味が『プラウダ』で報道された趣旨であることに矛盾はなく、この件は重光大使の誤解と評してよいだろう。
こうして重光大使はもとより、報告を受けた廣田外務大臣もソ連側が一方的に撤収すると誤解したまま、ソ連砲艇が撃沈される六月三十日を迎えることになった。

二　ソ連砲艇撃沈後の交渉

（一）リトヴィノフ提案への回答

リトヴィノフとの会見の翌日、六月三十日に乾岔子島事件は急展開を迎えた。三十日午後二時四十五分頃にソ連砲艇三隻が乾岔子島の南側水道に進入し、満洲国江岸で監視を行っていた日本軍に対して射撃を行ったため、日本軍が反撃し、ソ連砲艇一隻を撃沈する事態に発展した。これにより日ソ関係は一触即発の状況に陥った。この出来事を受けて、同日、廣田外務大臣は重光大使宛てに次の訓令電報を発した。

第二八一号

三十日一五〇〇乾岔子（「センヌハ」島）島南側ヲ蘇砲艦前進シ来リ不法ニ該地附近警戒中ノ日満軍ニ対シ射撃シ日満

軍ニ於テ応戦ノ巳〔己〕ムナキニ至リタルニ付テハ至急蘇側ニ厳重警告相成渡
尚蘇側ニ於テ問題ノ二島ヨリノ撤兵及附近集結兵力ノ引キ揚ゲニ同意シタルニ拘ラズ蘇側今回ノ挙ニ出デタルハ甚ダ不可解トスル旨厳重先方ヘ申入レラレタシ(36)（傍線及び〔　〕：引用者）

右訓令から、やはり廣田外務大臣も重光大使の報告（第五三〇号）により、ソ連側が一方的な兵力撤収を約束したと誤解していたことが窺える。さらにいえば、提案の趣旨を誤解していたことで、日本側はまるでソ連に騙し討ちされたかのような不信感さえ抱いていたといえる。ソ連砲艇との交戦及び撃沈は、軍事的な緊張のみならず、外交的な緊張も高めることになった。

六月三十日午後九時三十分に右記訓令（第二八一号）に接した重光大使は、外務人民委員部に面会を申し込み、七月一日午前〇時にリトヴィノフの代理としてストモニャコフを訪問した(37)。重光大使は会見の冒頭、ソ連側の挑発行為に対する抗議と前日の「リトヴィノフ提案」に対する日本政府の回答を伝えるために参上したと伝え、次のとおり抗議を申し入れた(38)。

本三十日午後三時（満洲国時間）問題ノ島ノ一ナル乾岔子ノ而（しか）モ南方ニ蘇聯邦砲艦三隻カ侵入シ来リ不法ニモ該地警戒中ノ日満軍ニ射撃ヲ加ヘタリ右ハ不法ナル挑戦的行為ニシテ日満軍ハ巳〔己〕ムナク之ニ応戦シ其ノ一隻ヲ撃沈シ他ノ二隻ハ島蔭ニ逃レタリ右蘇側ノ挑発的行為ハ昨日「リ」ヨリ直接自分ニ話シタル挑発行為ヲ慎ミ事端ヲ更ニ起サストノ蘇側ノ精神ト相容レサル不信行為ナリ之ニ対シ厳重ナル抗議ヲ申入ルルト共ニ此ノ種不法行為ヨリ生スル一切ノ責任ハ蘇側ノ負担スヘキモノナルコトヲ附言ス

尚「リ」ハ問題ノ二島ヨリ撤兵シ附近集結ノ武力ヲ引揚クルコトニ同意シタルニ不拘（かかわらず）蘇側出先ニ於テ斯ル暴挙ニ出テタルハ甚タ不可解トスル所ナリ(39)（傍線及び〔　〕：引用者）

続けて「リトヴィノフ提案」への日本政府からの回答について、次のとおり伝えた。

（前略）日本ハ前記ノ如キ緊張シタル事態ヲ緩和スルコトヲ求ムルモノテアリ従テ蘇側ニ於テ速ニ此ノ種ノ行動ヲ止ムルノミナラス事態ノ緩和ヲ齎（もたら）ス為両島ヨリ「リ」ノ既ニ承諾セル通リ武力ヲ遅滞ナク撤退シ満側ニ於テ其ノ主権ヲ回復シ得ル様措置セラレ度ク又同時ニ黒龍江ノ航行ニ付障碍ナキ様措置ヲ執ラレ度シ右ハ現下ノ事態ニ鑑ミ最モ迅速ヲ要スル措置ナルコトヲ附言ス(40)（傍線及び〔　〕：引用者）

このように日ソ開戦回避を託された外交交渉は、日本側の誤解と不信感に基づいた抗議と要求によって再開された。ストモニャコフは、まず日本側の抗議について、二つの理由から反論した。第一に、ソ連側の報道によれば敵対行為を開始したのは日満側であり、重光・リトヴィノフ間の「アンダースタンディング」を守っていないのは日本政府であること。第二に、日満側は常に黒龍江の島々の北（ソ連）側を通航する権利があると主張しているにもかかわらず、ソ連船舶が南（満洲国）側水路に進入したことを敵対的行為とみなす態度は不可解であること。ストモニャコフは、これらの理由から重光大使の抗議を受け入れることはできず、日本側こそが挑発行為を停止するための手段を取るべきであると要求した(41)。

重光大使は、現下の問題は黒龍江の航行権の問題ではなく、ソ連砲艇が満洲国の水域に進入して挑発的行為を行ったことであると議論を本筋に戻した。ストモニャコフは、問題はどちらが最初に発砲したかであると指摘し、日本側が先に発砲したと述べた。重光大使は日本側の情報に基づき、先に発砲したのはソ連側であると繰り返した。そしてストモニャコフは、重光大使は今回の事件がリトヴィノフとの話し合いの結果に反すると述べたが、リトヴィノフは双方同時撤収を提議しており、一方的な撤兵を約束した事実はない、と重光大使の認識がソ連側と異なっていることを指摘した。(42)

重光大使はこれについて、「本使トシテハ右ニ付何事カヲ為スコトヲ約束シタルコトナク唯会談ノ内容ヲ政府ニ報告スヘキコトヲ約束シタルノミナリ」と自身も同時撤収など約束していないと反論した。そして日本政府の回答として、ソ連側が問題の島から兵力を撤収し、島を満洲国の主権下に復帰させるとともに、艦艇の集中を止め、水路航行の障害を除去する措置を取ることで事態を緩和されたいと繰り返した。(43)

ストモニャコフは、「撤兵ニ関スル貴方ノ回答ハ拒絶ト同様ナリト思考ス」と日本政府の回答に不満を表明した。重光大使は、「本使ノ了解スル限リ『リ』ハ蘇側兵力ヲ両島ヨリ引揚ケ附近水路ノ航行ニ対スル障碍ヲ除去スル為蘇側砲艦ヲ引揚クルコトニ異議ナカリシモノト思考ス『リ』ハ右撤去ノ為期限ヲ附スルモ可ナリトサヘ言ハレタリ」と、自身の理解を説明した。(44)

ストモニャコフは、昨日のリトヴィノフ・重光会見の記録を読んだが、リトヴィノフは双方的に兵力を引き揚げることを提案しており、そもそも期限を付すこと自体が双方的撤収であることを裏書きしている、と提案の趣旨を説明した。(45)ソ連が自ら期限を設けて一方的に撤収するなど、申し出るはずがないということである。

重光大使はここでようやく「リトヴィノフ提案」について、日ソ間の認識に相違があることを理解した。その上で、日満側は島を占拠していないため、双方同時撤収であれば最初からできない話だと述べた。そして重光大使は、自身は六月二十九日のリトヴィノフとの会見で主義上の解決を得たと思い、本日日本政府の訓令によりその実行を求めたが、これについてどう考えるかとストモニャコフに対して意見を求めた。(46)

ストモニャコフは、自分には判然としないので、リトヴィノフ提案に対する回答はリトヴィノフに直接伝えてはどうかと申し出た。重光大使はリトヴィノフに直接申し入れることができるのであれば、本日の朝でも差し支えないので取り計らってほしいと会見を申し入れた。こうして第二次重光・ストモニャコフ会見は、リトヴィノフに引き継がれることに決定して、七月一日午前三時に終了した。(47)

（二）リトヴィノフの撤収の条件

同じ日（七月一日）の午後五時三十分より、重光大使はリトヴィノフと会見した。(48) なお、第二次重光・ストモニャコフ会見から本会見がはじまるまでの間に、ジョセフ・E・デイヴィス（Joseph E. Davies）駐ソ米国大使が、重光大使とリトヴィノフ外務人民委員をそれぞれ訪問し、個人の発意として「今回の乾岔子島事件を可及的に局地化し、事態の不拡大を図り極東の平和を維持されたい」旨の希望を開陳している。(49) しかし、米国政府の訓令によらない大使の個人的希望が、その後の日ソ交渉にどの程度影響を与えたのかについては、その有無も含めて不明である。したがってここではその事実のみを記し、以後の交渉についても引き続き日ソ間のみに焦点をあてていく。

リトヴィノフは、未明の第二次重光・ストモニャコフ会見の内容について聴取済みとした上で、本題に入る前に正、不正の問題を離れて日本軍がソ連砲艇を撃沈したことについて、改めて抗議を申し入れた。(50)

次にリトヴィノフは、本題として六月二十九日の会見で行った自身の提案の趣旨は、双方同時に問題の島から撤収して付近に集結している艦艇を引き揚げることであり、重光大使がストモニャコフに対してあたかも自分が無条件に兵力の撤収に同意したかの如くいわれたのを聞いて驚いていると伝えた。また、期限を設けるという提案についても、日満側の撤兵をも期待すればこそ必要であり、もしソ連側のみが撤収するのであれば期限を付す必要はないと重光大使の誤解を指摘した。そしてリトヴィノフは、ソ連側兵力の撤収の条件は、日満側との同時的なものであると改めて重光大使に伝えた(51)。

重光大使は、会見で誤解が生じたことは「意外トスル所ナリ」と所見を述べた(52)。そして、意外とする理由を次の三点から説明した。

（ア）そもそも今回の事件は、ソ連側が武力をもって満洲国の二島を不法に占拠したことに端を発しているため、撤兵するのもソ連側が一方的に行うべきである。

（イ）満洲国の領土から日満側が後退するがごときソ連側の不合理な要求は、到底受け入れられない。

（ウ）期限については、ソ連側の撤兵と満洲国の島の接収について、満洲国の希望を聴こうとする趣旨かと思考した(53)。

この三点は、重光大使がリトヴィノフ提案の趣旨を誤解した理由を理解するために役立つ。おそらく乾岔子島と金阿穆河島が間違いなく満洲国領土であるという重光大使の意識が（ア）と（イ）に繋がっており、（ア）と（イ）が事件解決の大前提となっていたために、リトヴィノフ提案をソ連の一方的撤収と解釈し、結果的に期限について（ウ）のように誤解したと考えられる。

その後、重光大使は前夜にストモニャコフに伝えた日本政府の回答を改めてリトヴィノフに申し入れた。リトヴィノフは、我々は両島を自国領と考えているので、領内に部隊を送る権利があると反論したが、島の帰属問題は今後の交渉に譲るべきで、刻下の急務は緊張の緩和であると帰属問題の先送りを主張した。そして、このように熱した状況で両軍が対峙すると望まない紛糾を醸すことになるため、双方が撤収すべきだと改めて提案を行った。また原状回復については、ソ連はソ連の砲艦も日満の砲艦も存在しない状態を「原状」とする原状回復には同意すると述べ、もし日満側が砲艦を引き揚げる意向を示すのであれば、ソ連側も引き揚げると申し出た。そして日本側の回答があればソ連は明日にも、明後日にも撤兵すると踏み込んで発言した。(54) まるでソ連は、一刻も早くこの事件を終結させたいかのような発言である。

重光大使は、満洲国の艦艇はソ連による原状破壊の結果派遣されたものであり、ソ連が原状回復の措置を取れば平静に戻ると述べて、日本側の主張する原状回復（ソ連が両島から兵力を撤収して島を満洲国の主権下に移し、集結しているソ連艦艇を引き揚げて、水路航行の障害を除去すること）をソ連が行うよう返答した。(55)

この会見により重光大使の誤解は解消されたものの、「原状回復」の意味については両者平行線を辿ったままであった。そのため「更ニ会見ヲ打合スコト」を確認し、会見は終了した。(56)

翌日、ソ連ではこの会見内容が『プラウダ』に掲載された。タス通信を引用する形で会見要旨を報じているだけで、特に論評は加えられていないが、リトヴィノフの発言要旨を紹介している次の部分に注日したい。

もし日本側もソ連側と同じような命令が下されるという日本大使の固い約束を得るならば、ソ連側は適切な命令を直ちに出す準備ができている。もし大使が前提としているように日満側の艦艇が現在既にないのであれば、直ちにソ連巡察隊と艦艇は撤収され、その結果問題が解決することを、リトヴィノフは大使に保証することができる。

重光大使は、この提案を研究することと翌日交渉を再開することを約束した。[57]（傍線：引用者）

『プラウダ』では、リトヴィノフが会見の最後に、ソ連側が一方的に撤収する条件を示していたことが報じられている。すなわち、満洲国の艦艇が現在両島付近に存在せず、ソ連の艦艇だけが存在している場合である。また日本側の史料では「更ニ会見ヲ打合スコト」で会見が終了したと記録されているが、ソ連側の報道資料では両者が「翌日交渉を再開すること」を約束していたことが確認できる。

（三）　リトヴィノフの撤収同意

『プラウダ』での報道のとおり、両者は翌日の七月二日午後八時三十分から再度会見を行った。[58]この会見の直前、午後八時に重光大使のもとに廣田外務大臣から次の電報が到着していた。

満洲国艦艇ハ当初ヨリ事態不拡大ノ趣旨ニ依リ行動シ来レル次第ニテ現ニ問題ノ方面ニハ一隻モ居ラザルコト確実ナルニ付「ソ」側ニ於テモ至急問題ノ二島ヨリ撤兵方並ニ右二島方面附近ニ在ル砲艦艇引揚方出先ニ訓令スル様「リ」又ハ其ノ代表者ニ申入レ其ノ実行ヲ確メ電報アリ度

尚島嶼ノ帰属ニ付テハ先方ヲシテ此ノ際直ニ満側ノ主権ヲ認メシムルコト困難ナルヤニ認メラルルニ付此ノ問題ハ局面落着シタル後話ヲ進ムルコト差支ナシ[59]（傍線：引用者）

この廣田外務大臣からの電報は、前日のリトヴィノフからの一方的撤収の条件を受けて、重光大使が両島付近の満洲国艦艇の存在の有無を本国に確認したことへの回答と思われる。

会見に臨んだ重光大使は、まず昨日の会見を整理し、リトヴィノフに対してソ連は問題の場所に満洲国の艦艇がある場合、満ソ同時に引き揚げることに同意したが、もし満洲国の艦艇がない場合は、ソ連は両島から兵力を即時撤収し、かつソ連の艦艇を引き揚げ、水路障害を除去することになる旨確言されたと了解している、と駄目を押した後に「只今政府ヨリ接到セル確報ニ依レハ問題ノ場所附近ニハ満側艦艇アラストノコトナリ就テハ昨日ノ御話ノ通リ蘇側軍隊ヲ前記両島ヨリ即時撤退セラレ且附近ノ水域ヨリ蘇側艦艇ヲ即時引揚ケラレ此ノ地方ノ原状ヲ回復スル為直ニ的確ナル措置ヲ執ラレ度シ斯クシテ問題ハ解決シ得ルコトトナリタル次第ナリ」と申し入れた。[60]

日本政府からの確報を受けてリトヴィノフは「御通報ヲ謝ス」と回答し、ソ連の兵力及び艦艇を引き揚げることを約束した。重光大使が撤収命令はいつ発せられ、いつ現場に到達する見込みかと追及したところ、リトヴィノフは「之ニテ話合成立セルコトナレハ約束ハ実行セラルヘシ御安心アリ度シ自分ハ外務人民委員ナレハ貴使ノ辞去セラルト共ニ国防人民委員ニ電話シ必要ナル措置ヲ執ルコトヲ依頼スヘシ之ニテ事件ノ解決ヲ見タルコトヲ悦フ」と回答し実行を確約した。重光大使は最後に必要措置に遅滞がないよう重ねて依頼し、会見はわずか三〇分で終了した。[61]

その後リトヴィノフは約束を実行し、当日中に国防人民委員部から現地の部隊に対して撤収命令が下された。[62] ソ連の国境警備隊は内務人民委員の所管であるが、リトヴィノフが赤軍を所管する国防人民委員に連絡を行う約束をしたことから、やはりソ連側の第一線の指揮は、途中から第六九狙撃師団長に移っていたといえる。

その後、七月三日午後になるとソ連側の兵力撤収が開始されたため、満洲国は航政局員を乾岔子島と金阿穆河島に復帰させることを決定し、午後六時三十分に施北満特派員からソ連側にその旨を通達した後、速やかに復帰させた。[63]

外交交渉で先送りされた二島の帰属問題については、その後何ら進展がないまま時が過ぎ、翌年の五月上旬には黒龍江は例年どおりの解氷期を迎え、満ソ両国の船が航行を再開した(64)。どうやら紛争地周辺は、「曖昧さ」ごと完全に原状復帰したようである。

(四) ソ連撤収の考察

乾岔子島事件はリトヴィノフが一方的な撤収を約束し、それが実行されたことにより終結したが、リトヴィノフが撤収に応じた理由が長年不明であった。ここまでの検討から短絡的な結論を出すとすれば、満洲国の艦艇が両島付近になければソ連が撤収するという、リトヴィノフが出した条件を日満側が満たしていたからである。島付近にソ連の兵力しかないのであれば、原状回復のためにソ連側が兵力、艦艇を引き揚げることは合理的である。

問題は、なぜリトヴィノフが既に占領していた島から兵力を引き揚げてまで、原状回復を提案したかである。このソ連の態度について、日本の先行研究ではヨシフ・スターリン（И. В. Сталин）による赤軍粛清が影響を与えていた可能性を指摘している(65)。乾岔子島事件勃発直前の一九三七年六月十一日、ソ連ではミハイル・トゥハチェフスキー元帥以下八名の軍人に銃殺刑が宣告され、その直後に処刑される粛清が起きた。この粛清をきっかけに、以後赤軍大粛清がはじまった(66)。そのため、当時ソ連では軍内が混乱していたため、本格的な対日戦を避ける形で乾岔子島事件を収めようとしたという仮説である。

直前の粛清による影響が全くなかったとは考えにくく、粛清とそれに連なる諸問題がソ連の対日態度に影響を与えたことは十分に考えられる。ただしこの仮説は史料的な裏付けはなく、いわゆる「妥当な推論」に留まっている。

筆者はこの仮説を否定する材料を持ち合わせていないが、当時のソ連の報道資料から別の仮説を提示したい。注目すべきは、『イズベスチヤ』の報道ぶりである。『プラウダ』がソ連共産党の機関紙であったのに対し、『イズベスチヤ』はソ連政府の機関紙であり、同紙面からはソ連政府の報道姿勢がみて取れる。その『イズベスチヤ』が初めて乾岔子島事件に対する本格的な論評を加えたのは、なんと外交交渉成立後の七月四日であった。このことだけでも、ソ連政府の事件報道への消極性が読み取れるが、同日の論評は次のような言葉で乾岔子島事件を総括している。

（前略）

好ましい現象として、アムール川での紛争解決に注目して、新たな日満の挑発の不可能性について自らに幻影を作るべきではない。日本軍部の性格を考慮するとソ連は警戒しなければならない。その平和愛好的かつ誠意ある希求を再び示したソ連は、最も速い方法により生じている紛争を解決し、同時に自国の利益保護において新たに不屈さを発揮した。日満側の挑発の組織者は、平和を愛好するソヴィエト連邦のこの不屈さについて忘れてはならない。これ日本軍部のヨーロッパのファシスト同盟国にも、ソヴィエト連邦のこの力について思い出させたほうがよい。これらの同盟国は、アムール川での紛争の時、明らかに極東での緊張状態が、ヨーロッパでのファシストの侵略から注意を引きはがせることに期待しつつ、日本の友人たちを将来の挑発に扇動した。しかしながら、今回「ベルリン―東京枢軸」と他の「枢軸」はその計算を誤った。[67]（傍線：引用者）

対日国境紛争である乾岔子島事件の総括に、ドイツとイタリアに対するメッセージが含まれていることは明らかである。[68]当時の欧州政局の重大問題は、一九三六年七月から続いていたスペイン内戦であり、人民戦線政府側を支援していたソ連は、反乱軍側を支援していたドイツ、イタリアのファシズム陣営と対立していた。そして、一九三六年十一月には日独防共協定が締結されていた。

ソ連としては西側の「ベルリン―ローマ枢軸」に加えて、東側にも「ベルリン―東京枢軸」が出来上がったといえる状況であった。こうした中で、ソ連は対日紛争である乾岔子島事件を大規模衝突に発展させることは、東西の反共勢力を接近・連結させることになり、ともすれば東西からの挟撃の呼び水になる可能性があると判断して警戒していたと考えられる。

確かにこの時期のソ連は、まだ日独防共協定による日独からの東西挟撃を警戒しており、本格的な対日戦の開始がドイツの参戦を招くことを恐れていた[69]。したがって、「ベルリン―東京枢軸」の挑発に乗らずに速やかに原状回復することで、事態を鎮静化させようとしていたと考えられる。

このことは、リトヴィノフが重光大使との最初の会見で期限付きの同時撤収を提案したことや、外交交渉成立後にようやく『イズベスチヤ』に論評が掲載されたことなど、一連の消極的な姿勢とも整合性が取れる。『イズベスチヤ』での総括をソ連政府の見解とすれば、リトヴィノフが原状回復に応じた理由は、ソ連が日独防共協定に、欧州と極東の反共勢力の紐帯としての役割をみており、ソ連に対する謀略的挑発の可能性を警戒していたからだといえる。

註

（1）小林龍夫・稲葉正夫・島田俊彦・臼井勝美解説『現代史資料（12）日中戦争4』（一九六五年、みすず書房）四九九頁。
（2）『満洲日日新聞』（一九三七年六月二十七日、夕刊）。
（3）外務省編『日本外交文書　昭和期Ⅲ　第一巻（昭和十二―十六年　外交政策・外交関係）』（白峰社、二〇一四年）三三八頁（以下、『日本外交文書』)。

実際に六月二十日は、満洲国軍国境監視隊の調査隊が乾岔子島に赴き、二〇から三〇名のソ連国境警備隊と島内で交戦した(第三章参照)。

なお、本抗議文の詳細は、「島田文書」(101・乾岔子事件記事)(東京大学社会科学研究所図書室所蔵)(以下、「島田文書101」)通し番号一四二(以下、史料左上に記載の番号を通し番号として漢数字で表記)に詳しい。

(4) 『東京朝日新聞』(一九三七年六月二十七日、朝刊)。

(5) 『満洲日日新聞』(一九三七年六月二十九日、夕刊)。

(6) 重光葵『重光葵外交回想録』(毎日新聞社、一九七八年)一七五頁。
重光は同回想録で、この経緯を六月二十九日と記述しているが、廣田外務大臣の訓令受領からストモニャコフとの会見までの出来事は、六月二十八日の出来事であるため、日付を修正の上引用。

(7) 「『カンチャーツ』事件関係綴」(大和ミュージアム〈呉市海事歴史科学館〉所蔵、SC124)。当該史料は同綴の「二・関係電報令達―(二十)廣田外務大臣電」に収録されている。

(8) 東郷茂徳『東郷茂徳外交手記』(原書房、一九六七年)一一五頁。

(9) 重光『重光葵外交回想録』一七五頁。

(10) 同右、一七五―一七六頁。「松本文庫(文書の部)」(I-c-24-1 [19])(東京都立大学図書館所蔵)。

(11) 「タールヴェークの原則」のこと。「タールヴェークの原則」については、本書第一章を参照のこと。

(12) 重光『重光葵外交回想録』一七六頁(引用者が原文から四点に整理した)。

(13) 「松本文庫(文書の部)」(I-c-24-1 [19])。北京条約と附属地図については、本書第一章を参照のこと。

(14) 北京条約及び満ソ水路協定に「黒龍江本流の中心線が満ソ国境を為す」旨の条項はない。北京条約については本書第一章、満ソ水路協定については第二章を参照のこと。

(15) 「松本文庫(文書の部)」(I-c-24-1 [19])。

(16) 同右。
なお、同史料ではストモニャコフが満ソ水路協定のことを「汽船会社間」の協定と発言したと記録されているが、これは満ソ水路協定を締結したソ連側代表機関の Амурское Государственное Речное Пароходство СССР(ソ連アムール国立河川船舶局)の Пароходство を「船舶局」ではなく「汽船会社」と訳出したためだと思われる。満洲国側代表機関は満洲帝国哈爾浜航政局であり、満ソ水路協定は両国「汽船会社間」協定ではなく「船舶・航政局間」協定の方が意味合いとしてより適切である〔「満蘇水路会議に於ける書類送付の件」JACAR（アジア歴史資料センター）Ref. C01003024900（第40・49画像目）、昭和9年「陸満密綴 第17号」自昭和9年9月13日 至昭和9年10月11日（防衛省防衛研究所）〕。

(17) 「松本文庫（文書の部）」(I-c-24-1 [19])。
註（14）で示したとおり、北京条約及び満ソ水路協定が黒龍江の主流を国境の前提としている旨の重光大使の発言は正確ではない。

(18) 同右。
(19) 同右。
(20) 同右。
(21) 同右。
(22) 「松本文庫（文書の部）」(I-c-24-1 [50])。
(23) 「松本文庫（文書の部）」(I-c-24-1 [20])。
(24) 同右（引用者が原文から三点の要旨を表記した）。
(25) 「松本文庫（文書の部）」(I-c-24-1 [20])。
(26) 同右。
(27) 同右。
(28) 同右。
(29) 同右。
(30) 同右。
(31) 同右。
(32) 同右。
(33) 同右。『日本外交文書』三四九頁。「松本文庫（文書の部）」(I-c-24-1 [50])。
(34) 「松本文庫（文書の部）」(I-c-24-1 [50])。
(35) Правда No. 178, 30 июня 1937（筆者試訳）。
なお、重光大使がこの提案を「関東軍司令部に伝えることを約束した」という部分は文言として正確ではない。重光大使は「新京」に報告すると述べている。この件について宮川船夫一等書記官は、六月三十日の夕刻、外務人民委員部の「カズロフスキー」(名、父称、役職、階級不詳)を訪問し、「重光大使トシテハ関東軍ナル文字ヲ使用シタルコトナシ」と抗議している(「松本文庫(文書の部)」(I-c-24-2 [88]))。

(36) 「島田文書101」一三九。ただし電報番号は『日本外交文書』三五〇頁を参照。

(37) 「松本文庫(文書の部)」(I-c-22-2 [30])。中村敏『満ソ国境紛争史』(改造社、一九三九年)二四四—二四五頁。会見の開始時刻については、宇治田直義編『満蘇国境紛争事件の全貌』(東亜同文会、一九三七年)二五頁では「七月一日午前一時」と表記されており、資料によって若干異なる。

(38) 「松本文庫(文書の部)」(I-c-24-2 [87])。

(39) 同右。

(40) 同右。

(41) 「松本文庫(文書の部)」(I-c-22-2 [31])。

(42) 同右。

(43) 同右。

(44) 同右。

(45) 同右。

(46) 同右。

(47) 同右。「松本文庫(文書の部)」(I-c-22-2 [30])。

(48) 「島田文書101」六五。

(49) 宇治田編『満蘇国境紛争事件の全貌』二七頁。朝日新聞社東亜問題調査会編『朝日東亜年報　昭和十三年版』(朝日新聞社、一九三八年、国立国会図書館所蔵、書誌ID: 000000704573)八一頁。

(50) 「島田文書101」六五・六六。

(51) 同右、六六。

(52) 同右、六八。

(53) 同右、六八・六九(引用者が原文から三点の要旨を表記した)。

(54) 同右、七一—七四。

(55) 同右、七六。
(56) 同右、七七。
(57) Правда No. 180, 2 июля 1937（筆者試訳）。
(58) 「島田文書101」八〇。
(59) 同右、七八。
(60) 同右、八〇・八一。
(61) 同右、八一・八二。
(62) Правда No. 181, 3 июля 1937.
(63) 『満洲日日新聞』（一九三七年七月五日、夕刊）。満洲国治安部警務司編『満洲国警察史（完全復刻版）』（発行所不明〈発行者加藤豊隆〉、一九七六年、国立国会図書館所蔵、書誌ID: 000001205117）四四六頁。
(64) 大路浩村「乾岔子事件一周年」（『東洋』第四十一年七月号、一九三八年）一八二頁。
(65) 林三郎『関東軍と極東ソ連軍——ある対ソ情報参謀の覚書——』（芙蓉書房、一九七四年）一〇八頁。
　林はソ連が原状回復に同意したことについて、「その背景は知る由もなかった。あるいはその当時進められていた大掛かりな粛清に、なんらかの関連があったのかも知れない。」と粛清が影響した可能性を記している。
(66) 平井友義『スターリンの赤軍粛清——統帥部全滅の謎を追う——』（東洋書店、二〇一二年）二頁。
(67) Известия No. 155, 4 июля 1937.（筆者試訳）。
(68) 記事の傍線部にある「ヨーロッパのファシスト同盟国」の〝同盟国〟は、ロシア語では複数形になっており、ドイツとイタリアを指していることは自明である。
(69) ソ連の日独防共協定への警戒は、一九三八年の張鼓峰事件の研究から窺い知ることができる。張鼓峰事件直後の一九三八年八月十一日に、リトヴィノフは各国のソ連全権代表部に外務人民委員電報を送っており、その中で「ドイツはヨーロッパで手一杯だったため、明らかに紛争の拡大を望んでいなかった」「日本はソ連の意地とドイツから支援を受けることができなかった現実を教訓として得た」と、対日紛争の教訓としてドイツの動向を中心に発信している。ソ連は大規模かつ本格的な軍事衝突となった張鼓峰事件で、ようやく対日紛争が直ちにドイツの支援を引き起こすものではないという教訓を得たことになり、その前年に勃発した乾岔子島事件では、まだ日独防共協定に基づく東西挟撃を警戒していたといえる〔笠原孝太『日ソ張鼓峯事件史』（錦正社、二〇一五年）五五—五六頁〕。

第五章　ノモンハン事件への影響

一　関東軍の国境紛争武力処理思想の萌芽

一九三〇年代の満洲国における日ソ紛争において、日本軍の対ソ戦法の基本になっていたのは、一九二九年に制定された「戦闘綱要」であった。そして同綱要を基本としつつ、教育総監部は一九三二年十二月に「対ソ軍歩兵戦闘第一巻を、一九三三年十月に同第二巻を作成した。また、一九三三年五月六日には「対ソ戦闘法要綱」が参謀総長名で公布された。これは教育総監部の「対ソ軍歩兵戦闘」とは全く別個に、参謀本部作戦課（当時の課長：鈴木率道大佐）が調製したものであった（直接の執筆者は下山琢磨中佐とされる）[1]。

いずれも対ソ戦闘用教令ではあったが、「対ソ軍歩兵戦闘」が対ソ時局用戦闘教令で第一線歩兵部隊用であったのに対し、「対ソ戦闘法要綱」は戦略統帥用教令で、大兵団運用の趣旨要領であった[2]。

その後、徐々に極東における赤軍の兵力、戦備、国境警備の景況が判明する中で、ソ連側火力の優越が強く認識されるようになったことから、一九三五年に「対ソ軍歩兵戦闘」は第一巻、第二巻とも改正された。したがって、乾岔子島事件が勃発した一九三七年六月時点で、日本軍には対ソ戦闘用教令として「対ソ軍歩兵戦闘」（改正版）と「対ソ戦闘法要綱」の二つが存在していたことになる。そして、これら二つのうち特に重要だったのは「対ソ戦闘法要綱」の方で、その扱い区分は「極秘」であった(3)。

「対ソ戦闘法要綱」には、その第二項に〝対ソ戦闘法の要義〟という項目があった。その内容は対ソ連に特化した戦略戦術理念、方式のまとめであり、作戦・戦闘指導上の要則が二四項目にわたって詳述されていた。これらの中には、対ソ作戦構想にそのまま通ずる条項も含まれていた(4)。

「対ソ戦闘法要綱」の〝対ソ戦闘法の要義〟（抜粋）は、次のとおりである。

一、対ソ作戦指導ノ本旨ハ…初動ニ於テ獲得スル極大ノ戦果ニ依リ逸早ク敵軍ノ戦意ヲ破摧スルニ在リ　之カ為平時国軍威武ノ確立、作戦準備ノ完整並対「ソ」戦法ノ徹底セル研究演練等ヲ基調トシテ　主動ノ位置ニ立チ…有ユル機会ヲ捉ヘテ各々当面ノ敵ヲ殲滅…スルコト特ニ緊要ナリ

（中略）

三、皇国伝統ノ精華タル忠君愛国ノ至誠ト献身殉国ノ大節トハ　皇国ノ使命ニ関スル…自覚ニ基キ益々光輝ヲ発揚シ　国軍…ノ親和団結愈々鞏固（きょうこ）ヲ加フ　而テ此ノ不壊ノ精神的威力ヲ以テ　彼カ機械的団結ノ弱点ヲ衝（ツ）クハ対「ソ」作戦ニ於ケル戦捷（せんしょう）ノ主要ナル因子ヲ形成ス

四、「ソ」軍ニ対スル戦闘指導ノ要ハ　我得意トスル攻勢ト機動トニ由リ敵ノ消極鈍重ニ乗シ…機先ヲ制シ…一挙之ヲ潰滅ニ陥ラシムルニ在リ

五、攻撃精神充溢シ志気旺盛ニシテ…強烈ナル責任感ニ燃ユル国軍ハ　数倍ノ「ソ」軍ニ対スルモ統帥ノ卓越、訓練ノ精到等ニ依リ　愈々必勝ノ信念ヲ鞏（かた）クシ常ニ攻勢ニ出テテ克ク其任務ヲ解決シ得ルモノトス

（中略）

七、彼我一般ノ情勢上　国軍ハ殆ント常ニ寡ヲ以テ衆ヲ攻撃セサルヘカラサルノミナラス　戦局ノ速決ヲ図ル為神速ニ殲滅的戦果ヲ獲得スルヲ以テ絶対的ノ要求ト為シ　然モ「ソ」軍ハ特性上局所的ニ頗ル靭強ナル戦闘力ヲ発揮ス　此ヲ以テ攻撃ニ在リテ重点ノ構成ヲ徹底的ナラシムルノ要特ニ大ナリ

八、（前略）「ソ」軍ノ作戦指導ハ退避的色彩ヲ帯フルコト少カラサルニ鑑ミ　追撃ノ準備並其発起ハ…寧ロ早キニ失スルニ若（シ）カス

（中略）

十一、「ソ」軍ノ火力装備ハ我ニ比シ概シテ有力ナルカ如シト雖（いえども）　我適切ナル部署ト火力運用トニ依リ十分之ヲ圧倒シ得ルモノトス

（中略）

十五、兵団強度ノ著シキ不斉ハ乗スヘキ「ソ」軍ノ弱点ナリ

（中略）

十七、「ソ」軍航空部隊ハ数ニ於テ著シキ優勢ヲ示スト雖　其戦闘及運用ノ能力並機材ノ真価発揮ノ技能等ニ関シテハ敢テ恐ルルニ足ラサルモノトス　故ニ我…志気及能力ヲ極度ニ向上シ　真ニ一以テ十ニ勝ツノ実力ヲ具有セシムルト共ニ　特ニ訓練並運用ノ卓絶ト徹底セル集結使用トニ立脚シ　常ニ空中勢力ノ優越ヲ期スルヲ要ス(5)

（傍線及び〔　〕：引用者）

戦略統帥用教令である「対ソ戦闘法要綱」には、赤軍に対して機械的団結が弱く消極鈍重で、退避的色彩を帯び兵団強度に著しい問題があるという、あたかも日露戦争で敗戦した帝政ロシア軍の短所をそのまま書き連ねたかのような評価が記されていたことが分かる。(6)

一方で自軍については、退却についての記述すらなく、(7)統帥の卓越、訓練の精到、必勝の信念、適切な火力の運用などによって、赤軍を打ち破ることができると評価していた。つまり当時の日本陸軍は、戦力の数的劣勢をその質的強化によって克服し、「寡を以て衆を制する」ことを対ソ戦理念の前提としていた。

実際に当時の陸軍大学校の図上戦術は、一個師団をもってソ連の三個狙撃師団を攻撃するという想定で実施されることが多かった。こうした対ソ戦理念は、戦力の質的向上に向けた努力の基礎になった一方で、「衆兵恐るるに足らず」を強調するあまり、赤軍の物的戦力の大きさを軽視する傾向へとつながっていった。そして、このような傾向は、とりわけ関東軍で強かったと指摘されている。(8)

関東軍では、一九三五年から一九三六年頃には、将兵に必勝の信念を植え付けるために、赤軍の欠点や弱点を過大にみて、それを前提に対策を考える傾向が強まっていた。(9)

本来であれば、満洲国でソ連と対峙していた関東軍こそが、こうした硬直した対ソ戦理念を改め、敵の物的戦力に対する真剣な検討を加えるべきであったが、図らずも乾岔子島事件で武力処理に成功してしまったことで、そうした機運は醸成されなかった。むしろ、関東軍は赤軍の大部隊と交戦したわけでもないのに、「対ソ戦闘法要綱」にある従来の対ソ戦理念の有効性に自信を深め、「ソ連軍に痛撃を与えれば、ソ連はおとなしく引き下がる」(10)という見解にまで飛躍してしまった。そして、このような赤軍の実力を慢侮する空気は、交戦した第一線部隊にまで広がっていたようである。乾岔子島事件終結直後の七月十三日に、衆議院議員の生田和平と佐藤洋之助らの一行が、事件の実地踏査のために三原鼎部隊長を訪ねて面会した際、三原部隊長は「極東赤軍の威力は、恐るるに足りません」と断言している。[11]

こうして作り上げられたソ連軍観により、関東軍の国境紛争処理思想は、外交交渉よりも武力処理の方が即効的だという、国境紛争武力処理思想へと発展していった。この思想は後の張鼓峰事件(一九三八年)、ノモンハン事件(一九三九年)の発生と拡大にも、大きな影響を及ぼしたのである。[12]

二 「満『ソ』国境紛争処理要綱」と独断専行

(一) 「満『ソ』国境紛争処理要綱」への影響

第三章での乾岔子島事件の検討から、辻政信が中央及び関東軍の紛争処理方法に対して強烈な不満を抱いたことが明らかになったが、辻はノモンハン事件当時、乾岔子島事件から関東軍に残っていた唯一の関係参謀であった。[13]そこで、辻に焦点をあてて、乾岔子島事件がノモンハン事件に与えた具体的な影響を考察する。

辻は自著『ノモンハン』の中で、ノモンハン事件までの対ソ国境紛争について、次のようにその特徴を記している。

鼻柱の強い部隊長がやり過ぎても叱られ、弱気の部隊長は負けたら首になる。(14)

若干的を射ない評価だが、ノモンハン事件当時、関東軍作戦主任参謀だった服部卓四郎も、同様の内容をより踏込んだ形で史料に残している。服部が残したノモンハン事件までの対ソ国境紛争の評価は、次のとおりである。

第一線部隊の行動を歴史的に観察するに或は行動消極にして威信を失ひ或は積極に過ぎて紛争を拡大する等その処理困難を極めた。(15)

辻と服部がいわんとしているところは、乾岔子島事件を含めて満洲国建国からノモンハン事件までの対ソ国境紛争の処理の成否が、関東軍司令官ではなく、第一線部隊長の独断によっていたということである。確かに第三章で明らかにしたとおり、乾岔子島事件では最後は第一線の吉岡小隊長の判断でソ連砲艇への応戦を開始し、三原部隊長の命令でこれを継続した。その判断の正否は別として、結果的に事件はそれ以上拡大することはなかった。つまり紛争処理を成功させたのである。

紛争処理の成否が第一線部隊長の独断によるということは、第一線部隊長がその責任を負うということと同義であり、関東軍の紛争処理はノモンハン事件まで軍組織として異常な形で行われていたといえる。

関東軍がこのような状態に陥った原因は、関東軍司令官の模糊たる任務にあった。関東軍司令官の任務は「関東軍司令官は満洲の防衛に任ずべし」(16)（一九三一年）とされていたとおり、満洲国の防衛であった。しかしながら、防衛すべき満洲国には国境不明確の箇所が多数あり、軍司令官の任務を全うする上で、どこまでが満洲国なのかという現実的な問題に直面していた[17]。要するに関東軍司令官は、範囲が不明確な地域の防衛を達成しなければならないという、極めて困難な任務を負っていたのである。

こうしたことから国境不明確な地域における紛争処理については、関東軍としての方針に明確さを欠くことになり、結果的に国境紛争処理の責任を第一線部隊が負わざるを得ない状態に陥っていた[18]。辻もノモンハン事件までの対ソ国境紛争で第一線部隊に独断を許したのは、関東軍が国境紛争に関して隷下の第一線兵団に明確な方針を与えてこなかったことが原因だと指摘している[19]。

もっとも、一九三〇年代前期から中期の紛争が小競り合い程度だった時期は、このような状態でも大きな問題はなかったが、一九三〇年代後半に紛争が大規模化すると、関東軍の統帥上の問題に発展した。そこで、この状態を改善するために、関東軍司令官が国境紛争に関して明確な方針を確立して、各部隊の任務を示すとともに、結果に対する責任を関東軍が負うことを明らかにする必要が生じた[20]。

この状況において、紛争処理のために関東軍司令官から打ち出された明確な方針こそが、ノモンハン事件直前の一九三九年四月二十五日に示達された「満『ソ』国境紛争処理要綱」であった[21]。同要綱は辻が起案したものだが、辻本人も自著の中で「満『ソ』国境紛争処理要綱」が示達された背景を、次のように明かしている。

> 此の禍因（紛争処理の責任を第一線部隊長が負うこと：引用者註）を改め、第一線をして安んじて明確な任務を単純に遂行出来るようにと考へられて、植田軍司令官から全関東軍に与へられた方針[22]

「満『ソ』国境紛争処理要綱」の作成は、乾岔子島事件を含む過去の紛争処理で生じていた課題を克服しようとするものであった。

（二）「『ソ』軍ノ特性」と「過去ノ実績」

「満『ソ』国境紛争処理要綱」の作成には、過去の国境紛争の中でもとりわけ乾岔子島事件の影響が大きかったことが同要綱の本文から読み取れる。同要綱は、これまでのノモンハン事件研究で繰り返し取り上げられて来たが、先行研究では、その特異性から主に第三項と第四項の文言が注目されて来た。第三項はソ連側の越境を認めた場合に、これを急襲撃滅するために「一時的ニ『ソ』領ニ進入」することも可としている。また第四項では、国境が明確でない地域においては、「防衛司令官ニ於テ自主的ニ国境線ヲ認定」することを認めている。[23] このためノモンハン事件の研究者の間では、同要綱こそがノモンハン事件の拡大を招いた〝諸悪の根源〟とすら認識されて来た。[24] しかし、本書では乾岔子島事件の影響を考察するために第二項に注目したい。

満『ソ』国境処理要綱

二、彼ノ不法行為ニ対シテハ断乎徹底的ニ膺懲スルコトニ依リテノミ事件ノ頻発又ハ拡大ヲ防止シ得ルコトハ「ソ」軍ノ特性ト過去ノ実績トニ徴シ極メテ明瞭ナル所以ヲ部下ニ徹底シ特ニ第一線部隊ニ於テハ国境接壌ノ特性ヲ認識シ国境附近ニ生起スル小戦ノ要領ヲ教育シ苟（いやしく）モ戦ヘハ兵力ノ多寡、理非ノ如何ニ拘ラス必勝ヲ期ス[25]（傍線及び〔　〕：引用者）

文言から明らかなように、「『ソ』軍ノ特性」と「過去ノ実績」から、ソ連側の不法越境による事件の頻発と拡大の防止は、断乎徹底的な膺懲のみによって達成されると示されており、それがために第三項、第四項にある一時的な越境や防衛司令官による国境線の認定を認めるということである。つまり第二項は永らく問題視されて来た第三項、第四項の前提をなしていることになり、「『ソ』軍ノ特性」と「過去ノ実績」がいかなるものかを検討することが重要な課題である。

第二項でいう「『ソ』軍の特性」について、辻は「弱味につけ込む相手を前に控へて、消極退嬰(たいえい)に陥ることは、却つて事件を誘発する」(26)（傍線及び（　）：引用者）と表現し、中山貞武（乾岔子島事件当時、関東軍作戦課参謀）は、当時の関東軍作戦課の意見として、「『弱し』と観ればつけ上るのが権力主義ソ連のお家芸」(27)と表現している。要するに赤軍とは、こちらが隠忍すればそれに合わせて自重するような軍ではなく、少しでも消極性をみせればその隙を容赦なく衝いてくる軍だということである。これが「『ソ』軍ノ特性」である。

一方で「過去ノ実績」については、ノモンハン事件までの対ソ国境紛争の検討が必要である。一九三二年の満洲国建国以来、満ソ・満蒙国境付近では紛争が日常的に発生していた。初期は偵察者の侵入、住民の連行、界標の移動、航空機による越境などであったが、次第に名称がつけられるような武力紛争が発生した(28)。

その武力紛争の中で、対ソ連の「過去ノ実績」に該当する可能性がある紛争は、楊木林子事件（一九三五年）、金廠溝事件（一九三六年）、長嶺子事件（一九三六年）、乾岔子島事件、張鼓峰事件である。

この内、楊木林子事件、金廠溝事件、長嶺子事件は、日ソいずれかまたは双方に損害が出る衝突ではあったが、中規模紛争であることから第一線部隊の独断処理の実例にはなっても、いわゆる「ソ軍」を断乎徹底的に膺懲する重要性を得た実績とは認められない[29]。

残るのは大規模紛争である乾岔子島事件と張鼓峰事件であるが、同じ日本軍でも前者は関東軍が対応し、後者は朝鮮軍が対応した。そして、「満『ソ』国境紛争処理要綱」を起案した辻が、関東軍の一員として処理に関わった国境紛争は乾岔子島事件である。

もちろん、張鼓峰事件も対ソ戦の実績ではあるが、一九三〇年代後半に発生した最初の満ソ大規模国境紛争で、かつ関東軍が武力処理に成功した紛争は乾岔子島事件であることから、乾岔子島事件こそが「満『ソ』国境紛争処理要綱」の策定とその過激な方針に影響を与えた「過去ノ実績」の筆頭だったといえる。

(三)　独断専行への影響

乾岔子島事件は、ソ連砲艇の撃沈と外交的決着により島の原状回復には成功したが、関東軍と中央の関係を悪化させ、後年のノモンハン事件における関東軍の中央軽視の姿勢に影響を与えた。

ノモンハン事件で両者の対立が決定的になったのは、越境爆撃のタムスク空襲の時である。ノモンハン事件では、中央は事件勃発当初から不拡大方針を堅持しており、関東軍もそれを十分に承知していたにもかかわらず、関東軍作戦課は航空機による越境爆撃を秘密裏に準備していた[30]。

そして一九三九年六月二十七日と二十八日に、越境攻撃の中止を求める中央を無視して二度もタムスク空襲に踏み切り、ついに二十九日に参謀総長が関東軍に対して敵の根拠地への空中攻撃の中止を指示する事態へと発展した[31]。一連の経緯からタムスク空襲は関東軍の「独断専行」の象徴的作戦であり、中央との対立を決定的にした場面として知られている。

辻は自著『ノモンハン』の中で、こうした関東軍と中央との対立の原因が、乾岔子島事件にあったことを次のように回想している。

〔ソ連砲艇を撃沈したことについて〕これは第一線部隊の独断であり、久し振りに溜飲を下げた結果に終つたが、関東軍の統帥上の威令を隷下に失ふ結果を招いた。

鼻柱の強い東條参謀長の弱腰を詰る声が幕僚の間に起つて、一応は終末を見たものの、この事件は後年のノモンハンで現地と東京との対立を惹き起す原因となつた。

関東軍司令官が統帥の威信を以て、ソ連砲艇を攻撃する命令を下達し、矢は将に弦を離れんとする直前に、参謀総長の意図で中止命令を下した後に、第一線部隊が独断で砲撃し、結果に於て奇功を奏したのであつた。(32)（傍線及び〔　〕：引用者）

これまでの乾岔子島事件の検討を踏まえると、この辻の回想には二つの反省から来る、二重の意味での参謀本部への不満が込められていることが分かる。

まず、一つ目の反省について、前段の傍線部にある関東軍が統帥上の威令を隷下に失したという評価から検討する。乾岔子島事件では、一九三七年六月二十四日に参謀本部は次長電によって、「機宜ノ処置ニ依リ旧態保持」を関東軍に要請し、これに従って同日から関東軍の植田謙吉司令官は隷下部隊に乾岔子島・金阿穆河島の奪回作戦の準備と実行を命じた。しかしながら六月二十八日の攻撃開始の直前になり、参謀総長の名をもって攻撃中止の臨命が伝えられた。このことで関東軍の参謀部が混乱したことは第三章で明らかにしたとおりであるが、関東軍司令官は自ら下した攻撃命令を参謀総長の指示に従って撤回し、攻撃を一時中止した。こうした中、ソ連砲艇三隻が越境射撃して来たため、第一線部隊の小隊長の判断で応戦を開始し、結果的に砲艇一隻を撃沈した。

辻は、関東軍司令官が一度隷下に下した命令を参謀総長の臨命によって撤回した中で、結果的に第一線部隊が独断で攻撃を実施し、それが成功したことをもって、関東軍司令官の隷下に対する面目が丸潰れになったということを指摘している。

一連の経緯については、植田司令官自身も関東軍の統帥上の責任としてかなり深刻に捉えており、辞表を提出する事態に至っている。中央から攻撃中止の臨命が来ていたにもかかわらず、砲艇撃沈に至ったことについて、植田司令官は自身が先に隷下に島の奪回方針を指示していた関係上その責任を痛感し、七月一日に電報をもって「闕下(けっか)に骸骨を賜り度」旨を上申した。当然、この問題は植田司令官個人の問題に留まらず、関東軍全体の信任と統制、対外的威信にかかわる重大事になった(33)。植田はその後も司令官を続けていることから、中央から慰留を受けたか辞表が却下されたかのどちらかだと思われるが、乾岔子島事件で参謀本部が方針を変更したことが、関東軍に相当大きな傷を残したことは間違いなさそうである。

二つ目の反省は、後段の傍線部から検討する。辻は国境紛争の処理方法を二つに大別しており、「積極果敢に敵の不法を膺懲して、事件の拡大を防止するか、消極慎重に恥を忍んで泣寝入りの手で事件の惹起を防止するか(34)」のどちらかであると考えていた。

当然辻は前者の支持者であり、第三章で明らかにしたように乾岔子島事件の時も、中央からの臨命に背いてでも膺懲すべしと強く主張していた。しかし乾岔子島事件では、関東軍は臨命に従って「消極慎重」の態度を選択した。その結果、ソ連砲艇による越境攻撃という事件の拡大を招いてしまった。しかし、これに対して第一線部隊が反撃し、「積極果敢」の態度で砲艇を撃沈したところ、ソ連は島からの撤収に応じた。辻は乾岔子島事件を通じて、消極慎重な姿勢で事件の拡大を招き、積極果敢な膺懲でソ連から失地を回復したという貴重な教訓を得たのである。したがって、辻はノモンハン事件の時、叩けば引くはずの赤軍を前にして、参謀本部が再び不拡大方針を理由に介入することは、紛争処理方法として不適切かつ関東軍司令官の威令を傷付ける、という二重の意味で受け入れられなかったのである。

むろん、だからといってノモンハン事件での辻の中央軽視の姿勢が批判を免れることはない。しかし、乾岔子島事件を再検討すると、ノモンハン事件での辻の「独断専行」は、単に辻が好戦的な性格により暴走したという短絡的な結論ではなく、辻なりに乾岔子島事件の教訓を活用した結果だったと評価することができる。(35)

註

(1) 防衛庁防衛研修所戦史室『戦史叢書27 関東軍〈1〉 対ソ戦備・ノモンハン事件』(朝雲新聞社、一九六九年)一七〇頁、一七八頁、一八二頁(以下、『戦史叢書27 関東軍〈1〉』)。なお、「戦闘綱要」は、一九三八年十二月に従来の「陣中要務令」と合併して「作戦要務令」になった。

(2) 同右、一七〇頁、一八二頁。

(3) 同右、一八一―一八二頁。「対ソ軍歩兵戦闘」が改正された時期については、同右、一七八頁では昭和「十(一九三五)年十一月」と記載されているが、同右、一八一頁では「昭和十年一月」と記載されており、特定が困難である。

(4) 同右、一八二―一八三頁。

(5) 同右、一八三―一八五頁。

(6) 同右、一八三頁。

（7）同右、一八二頁。
（8）林三郎『関東軍と極東ソ連軍──ある対ソ情報参謀の覚書──』（芙蓉書房、一九七四年）三〇一頁。
（9）一橋大学社会学部藤原研究室太平洋戦争史研究会編「林三郎氏談話記録」（一九七五年、一橋大学附属図書館所蔵）一─二頁。
（10）林『関東軍と極東ソ連軍』三〇二頁。
（11）生田和平・佐藤洋之助『日本国民に告ぐ──風雲を孕む北満北支に旅して──』（動く日本社、一九三七年）二〇─二一頁。
（12）一橋大学社会学部藤原研究室太平洋戦争史研究会編「林三郎氏談話記録」二頁。
張鼓峰事件は関東軍ではなく朝鮮軍（第十九師団）が担当したが、林は同談話の三頁で、乾岔子島事件で高まった武力処理思想が、張鼓峰事件での第十九師団長の決心にも影響を与えたと主張している。

なお、関東軍の武力処理思想については、松本和久「初期満ソ国境紛争の発生と展開（1935-1937）──国境委員会設置交渉から武力処理思想へ──」（『境界研究』№8、二〇一八年）三三─五三頁も参照した。
（13）『戦史叢書27　関東軍（1）』三三六頁。
（14）辻政信『ノモンハン』（亜東書房、一九五〇年）四五頁。
（15）「第4節　大本営及関東軍に於ける国境問題処理要領の変遷」JACAR（アジア歴史資料センター）Ref. C13010019000（第2画像目）、国境問題（満ソ）（防衛省防衛研究所）（以下、JACAR: C13010019000）。
（16）同右（第1画像目）。
（17）「「ノモンハン」事件に関する所見／1、国境紛争処理要領に就て」JACAR（アジア歴史資料センター）Ref. C13010630000（第1・2画像目）、「ノモンハン」事件に関する若干の考察（防衛省防衛研究所）（以下、JACAR: C13010630000）。
（18）同右（第2画像目）。JACAR: C13010019000（第1画像目）。
（19）辻『ノモンハン』四五頁。
（20）JACAR: C13010630000（第6画像目）。
（21）JACAR: C13010019000（第2画像目）。
（22）辻『ノモンハン』四六頁。
（23）「第2節／別紙第4　関作命第1488号別冊　満「ソ」国境紛争処理要綱」JACAR（アジア歴史資料センター）Ref. C13010596700（第4～7画像目）、ノモンハン事件機密作戦日誌 第1巻 昭和14年5月13日～14年9月8日（防衛省防衛研究所）（以下、JACAR: C13010596700）。

（24）秦郁彦『明と暗のノモンハン戦史』（PHP研究所、二〇一四年）四六頁。

（25）JACAR: C13010596700（第3・4画像目）。

（26）辻『ノモンハン』四五頁。

（27）「中山貞武少将随想日誌　乾岔子から蒙疆まで　昭和12年夏秋」（防衛省防衛研究所戦史研究センター所蔵。中央・戦争指導重要国策文書・八二七）。

（28）『戦史叢書27　関東軍〈1〉』三一〇―三一一頁。

（29）同右、三一四―三一五頁。

金廠溝事件、長嶺子事件については、松本「初期満ソ国境紛争の発生と展開（1935-1937）」四一―四三頁、四五頁に詳しい。

（30）『戦史叢書27　関東軍〈1〉』四八一頁。

（31）笠原孝太「ノモンハン事件前期の再検討――ロシア国立海軍文書館の史料を使用して――」（『軍事史学』第五十四巻第四号、二〇一九年）一二六―一二八頁。

（32）辻『ノモンハン』三六―三七頁。

（33）田浦雅徳・古川隆久・武部健一編『武部六蔵日記』（芙蓉書房、一九九九年）二〇七頁。

植田司令官の辞表提出については、今岡豊『石原莞爾の悲劇』（芙蓉書房、一九八一年）二〇一―二〇二頁でも記述を確認できるが、日付が六月二十九日の出来事と読み取れる。同書では、中央からの攻撃中止の指示を受けて関東軍が混乱に陥ったため、植田司令官が軍の「統帥の責を全うすることは出来ない」という判断に至り辞表を提出したとしている。

植田司令官が二度辞表を提出したという可能性も完全には排除できないが、六月二十九日と七月一日という短期間に二度辞表を提出するとは考えにくい。したがって筆者は二つの文献にある辞表提出については、同一の出来事が別日の出来事として記述されている可能性が高いと判断した。その上で次の二つの理由から、引用を『武部六蔵日記』に依拠することにした。①『武部六蔵日記』では七月二日の日記に「作一日電報を以て」と日付と手段が明確に読み取れること。②『石原莞爾の悲劇』にある、攻撃中止の指示を受けて関東軍が混乱したことをもって辞表を提出したというのは、軍司令官の辞表の理由としては不自然であること。むしろ『武部六蔵日記』にある、中央の攻撃中止の指示の中でソ連砲艇を撃沈したことをもって辞表を提出したという理由の方が現実的と考えられる。

いずれにしても乾岔子島事件が原因で、軍司令官の辞表問題に発展したことに違いはないが、本書では引用を『武部六蔵日記』に依拠した。

（34）辻『ノモンハン』三七頁。
（35）ただし、辻の好戦的な性格が、辻という人間の基本的な部分として、その後の作戦指導に影響を与えたことは筆者も否定しない。例えば前田啓介『辻政信の真実　失踪60年──伝説の作戦参謀の謎を追う──』（小学館、二〇二一年）一五七―一五八頁では、乾岔子島事件直後に勃発した盧溝橋事件で、辻が好戦的姿勢の一端を現していたという証言が紹介されている。しかしながら、ノモンハン事件での独断専行を辻の「性格」だけに求めるのではなく、辻の好戦的な「性格」と、対ソ戦の「教訓」の両面に注目すべきだと考える。

終　章

ここまでの検討で、乾岔子島事件の全体的な事件史はおおよそ解明できたと思われる。本章では、本論部分では取り上げきれなかった課題について、「報道」という視点から検討を行い、最後に乾岔子島事件が及ぼした「影響」についてまとめる。

一　報道からみえるもの

（一）　トゥハチェフスキー粛清と対内政策説

乾岔子島にソ連国境警備兵が上陸する直前の一九三七年六月十一日に、ソ連国内ではミハイル・トゥハチェフスキー元帥以下八名の軍人に対して死刑判決が下され、直後に銃殺される粛清が起きた。この粛清は、ソ連内外に報じられ、世界に衝撃を与えた。日本の資料、先行研究ではこの一件に注目して、ソ連国境警備兵が乾岔子島に上陸した理由について、トゥハチェフスキーの粛清に関連したソ連の「対内政策」だったと指摘するものが散見される。つまり、粛清に対するソ連国内の不安や関心を外に逸らすために、乾岔子島を占領して紛争を惹起したという説である。日本の資料、先行研究から一例を挙げると、国際時事専門誌の『外交時報』では、「最近蘇軍の粛清工作に伴う国内不安を緩和する方策として国民の関心を対外問題に転ぜしむる目的を以て[1]」乾岔子島事件が引き起こされたと論評している。

また、圓地與四松『世界の変貌』では、「トハチエフキイ元帥以下八名の赤軍首脳部の銃殺以来強行されつつある赤軍其他に対する広汎なる共産党部の清掃工作により激発されている国内不安を、此際対外的に転化せしめんとする一方策[2]」が、乾岔子島事件だったと評している。

他にも、中村敏『満ソ国境紛争史』では、「トハチエフスキー元帥以下赤衛軍首脳者の銃殺事件以来、極度に動揺しつつある国内情勢の不安を緩和するため国民の関心を対外問題に転ぜしめんとして国境紛争を惹起すべく企図しつつあった[3]」ことが、乾岔子島事件の背景として指摘されている。

確かに、これらの分析は、トゥハチェフスキー粛清の時期からみても一定の説得力があるように思われるが、果たして正しい分析なのだろうか。この「対内政策説」の検証に有効な手段は、当時のソ連国内の報道を考察することである。ソ連が粛清の混乱から人民の注意を逸らしたかったのであれば、僻地の中州を占領するだけでなく、その事実を広く人民に報じて大々的な対日非難キャンペーンを繰り広げたはずである。

結論からいえば、当時のソ連でそのようなキャンペーンが行われた形跡は確認できない。最も緊張の高まったソ連砲艇が撃沈された六月三十日の夜でさえ、ブラゴヴェシチェンスク市内ではハバロフスク放送で単に音楽のみを放送しており、人民を扇動したり事件の拡大化を企図したりする放送は確認されなかった。むしろ、砲艇撃沈について全く放送しなかったことから、日本側はソ連には事件を拡大させる意志がないことを感じ取っていた(4)。

ソ連共産党の機関紙『プラウダ』でも、積極的な報道はみられなかった。『プラウダ』での乾岔子島事件の第一報は、砲艇撃沈の翌日七月一日である。記事は一面にこそ掲載されているが、簡潔な概要紹介のみである。記事の全文は、次のとおりである（なお、同日『イズベスチヤ』は休刊日であった(5)）。

「いつもの日満の挑発」

ブラゴヴェシチェンスク。六月二十九日アムール川のスィチョフスキー（センヌハ）島地域で日満側の舟艇がソ連国境警備所を射撃した。ソ連国境警備所側の応射後、日満人はアムール川の満洲国側の岸から、ソ連側江岸付近を運航していた我々の国境警備艇に砲撃を開始し、この船は損傷した。国境警備艇に乗船していた二名が死亡し、三名が負傷した。日満側の舟艇は我々のいくつかの国境警備艇に曳船され、ソ連側の岸まで届けられた。（タス）(6)

記事では交戦日が六月二十九日になっていたり、最後はソ連の国境警備艇が日満側の舟艇を曳船してソ連側に届けたことになっていたりと、日本の事件史とは異なる部分があるが、そこは大きな問題ではない。

重要なのは『プラウダ』の一面に掲載されながら、タス通信の報道を転載しているだけで、そこに何の論評も加えられていないことである。もし乾岔子島事件が人民の扇動目的で準備された作戦だったのであれば、ソ連砲艇の撃沈など格好のプロパガンダ材料であり、ソ連の正当性と日満側の行動を痛烈に非難する一大キャンペーンが行われたはずである。しかしながら『プラウダ』ではそういった様子は全くみられず、いわば地方のニュース紹介として報じられただけであった。

いくら衝突が小規模だったとはいえ、乾岔子島事件が人民の関心を外に向けるという「対内政策」として企図されたのであれば、砲艇を撃沈された当日に紛争地付近の都市でニュース放送が行われず、翌日の共産党機関紙でも概要を報じるだけということは考え難い。

こうした当時のソ連の消極的な報道状況からみて、従来の「対内政策説」は根拠薄弱といえる。

(二) 日本の「第一報」をめぐる考察

乾岔子島事件に関するソ連の報道ぶりが消極的であったことについては、日本側も把握していた。それ故、日本軍は対外情報宣伝(報道)の分野では手ごたえを感じていた。日本海軍軍令部第六課が残した教訓には、次のような記述がある。

今次事件ニ於テ対外情報宣伝ハ比較的迅速適切ニ実施セラレタルガ如シ
其ノ理由ハ概ネ左記ニ在ルベシ
(イ) 事件第一報ガ同盟及在東京外国通信員ニ依リ関東軍発表其ノ侭ニ通達セラレ莫斯科ノ機先ヲ制シタルコト
(ロ) 「外務当局談」ガ速ニ発表セラレタルコト
(ハ) 蘇側ノ発表ガ遅レ又蘇国内ノ通信ガ必ズシモ適切ナラザリシガ如キ観アリ、—本件尚研究ヲ要ス(7)

乾岔子島事件では、六月二十六日に事件の勃発経緯について「関東軍発表」が公表されて以来、外務省からは「外務当局談」が公表されるなど、各機関の公式発表により、日本の主張や情勢説明が国内外に対して比較的迅速かつ適切に行われていた[8]。

こうした中で、最も緊張が高まったソ連砲艇撃沈の報道をめぐって、満洲国国家通信社（通称、国通）斉斉哈爾支局に勤めていた坂下健一が、興味深い体験を書き残している。

坂下記者は、砲艇撃沈の翌日七月一日午後、その事実を知らないまま通常の取材のために、斉斉哈爾の那須弓雄大佐のもとを訪ねた。当時、那須大佐は満洲国軍顧問として、第三軍管区（斉斉哈爾）の顧問を務めていた[9]。

坂下記者が「国境ではこの頃チョクチョク事件が起きているようですが大丈夫ですか」と尋ねると、那須大佐は「まあ大したことは起こるまい」と答えるなど穏やかなやり取りをしていたが、そこに職員が一通の電文を持って来た。那須大佐はそれを一読すると、坂下記者に渡した。坂下記者が読むと、そこには日本軍がソ連砲艇三隻の内、一隻を撃沈、一隻を大破させたという旨が書かれていた。驚いた坂下記者が、この情報を発表していいか那須大佐に尋ねたところ、那須大佐は「ウン、いいだろう」と悠々とした態度で許可を出した。坂下記者は挨拶もそこそこに支局に戻り、ソ連砲艇撃沈の一報を飛ばした。

坂下記者の回想では、これこそがソ連砲艇撃沈に関する第一報であり、同盟通信社がそれを全世界に流したことで、ソ連砲艇撃沈のニュースが世界に知られることになったと回想している[10]。

しかし、話はここで終わらない。乾岔子島事件が終結した後、一九三七年八月一日午後、関東軍の東條英機参謀長が支那事変の第一戦指揮のために斉斉哈爾に降り立った。この日、坂下記者が出先から支局に戻ると、飯田台輔支局長から「憲兵隊から呼び出しがきている」と伝えられた。

坂下記者が憲兵隊に出頭すると、仕事柄顔なじみだった憲兵准尉に「実は東条（ママ）さんが、君の例の電報を知って怒っているらしい。憲兵隊へは直々の命令があった次第だから悪く思ってくれるな」と告げられ、数日間憲兵隊のもとに留まることになった。

結局、出頭してから一〇日目の朝に、憲兵隊長に呼び出されて「心配だったろう。今日釈放する。ただし気の毒だがチチハルにいることは許されん。二、三日中に退去したまえ。君の処置はいずれ軍法会議できまると思う」と、難しい顔でいい渡された。

斉斉哈爾を出た後、坂下記者が天津の同盟支局で働いていたところ、十月になって本社の大西秀治編集局次長からの電報にて、軍法会議免訴の知らせを受け取った(11)。

事なきを得たとはいえ、記者が処分される寸前になるなど、一騒動になったようである。坂下記者の回想には、東條参謀長の怒りを買った明確な理由は書かれていないが、自身が第一報を飛ばしたことが思いあたる節として記されている。

ここからは、東條参謀長が坂下記者の一報を問題視した理由について検討を試みる。この出来事を理解する上で重要な点は、坂下記者の回想には一つ大きな事実誤認があることである。

坂下記者は、七月一日に那須大佐から得た砲艇撃沈の情報を「第一報」として斉斉哈爾支局に飛ばし、それが同盟通信社によって世界に報じられたと回想しているが、砲艇撃沈事件が発生した六月三十日、関東軍は確認できるだけでも二回「関東軍発表」を行っている。その内容は、次のとおりである。

関東軍発表

本卅日午後三時乾岔子島南側水道にソ聯邦艦艇三隻侵入し来り不法にも該地警戒中の日満軍に射撃を加へたるを

以て我軍は止むなく之に応戦しその一隻を撃沈一隻に多大の損害を与へ他の一隻をして遁走するの止むなきに至らしめたり、日本及び満洲国政府に於ては直ちにソ聯に対し厳重なる抗議を提出せり[12]

関東軍発表

卅日乾岔子島に於けるソ聯艦撃沈事件に関し其後判明せる詳細左の如し

既報の如く卅日午後三時ソ聯砲艦三隻は乾岔子島西側水道に進み入り来り折から満洲国側江岸で水浴中の我が兵に対し不法にも突如射撃を加へたるを以て江岸警備に任じありし日満軍一部は止むなくこれに応戦し敵艦の内一は撃沈し一は甚大の損害を与へて浅瀬に座礁せしめ他の一は島影に逃避するの止むなきに至らしめたるものなり[13]

戦果の喧伝というよりも、撃沈はやむを得ない応戦の結果であったことを繰り返すなど、慎重な発表ぶりであることが分かる。

そして、六月三十日午後八時二十分過ぎに、同盟通信社がこれらの関東軍発表に基づいて、「日満軍蘇聯軍艦を撃沈」というニュースを報道した[14]。さらに同日午後八時五十分には、ＢＫ（大阪中央放送局）発、全中（全国中継）演芸に先立つ臨時ニュースとして、同様のニュースが流され、北満の大事件は日本中に知れ渡った[15]。したがって、七月一日午後に坂下記者が入手した情報が世界の「第一報」になったわけではない。

一方で興味深いのは、同盟通信が七月一日に斉斉哈爾発として次のような報道を発信している点である。

斉々哈爾【七・一】

乾岔子事件に関するその後の確報によれば卅日午後三時ソ聯砲艦三隻が乾岔子島（南側）西北部約二百米附近まで接近不法射撃を加へたもので、我軍之に応戦右砲艦一隻は砲弾二弾を蒙り、十数分にして沈み乗組員中数名は辛ふじて生還し、他は溺死せる模様で、他の一隻は同様砲撃のため行動不能に陥り坐礁（ママ）し僚艦に曳航されて離礁した、而してソ聯側はこれに懲りず後方部隊の集結を急ぎ更に砲艦五隻を乾岔子島附近に遊弋せしめ示威行動を継続し毫もその不遜の態度を改める色なく為に事態はなほ緊迫の情勢にある（傍線：引用者）(16)

日付と発信場所からみて、おそらくこの内容こそが坂下記者の入手した情報に基づいて行われた報道であろう。既報「関東軍発表」を裏付ける「確報」として、敵の損害詳細やソ連側の示威行為の継続を報じている。おそらくここに、東條英機が坂下記者の一件を問題視した理由があると思われる。東條が立腹した理由は、坂下記者が第一報を飛ばしたからではなく、関東軍がソ連砲艇撃沈という大事件の中で、事態不拡大と対外宣伝のバランスを見極めながら慎重に「関東軍発表」を出していた最中に、坂下記者が軍の情報をすっぱ抜き、それが日ソの緊張を高めるような内容として報道されたからだと考えられる。

二　事件の影響

(一) 支那事変

乾岔子島事件は、ソ連の砲艇撃沈というそれまでにない大事件に発展しており、従来の小競り合いのような小・中規模紛争とは、明確に質が異なる紛争であった。その乾岔子島事件がソ連の譲歩によって終結したことで、日本はソ連の強硬な対日態度には「戦争にならぬ範囲に於て」という、重要な限界があることを理解した[17]。

西村敏雄（事件当時、参謀本部作戦課、少佐[18]）の回想では、乾岔子島事件と支那事変の関係について、次のように記されている。

此の「ソ」軍の軍備は尚実質的に整うて居らず、此の国際の情勢も「ソ」聯邦をして真面目なる戦争を決意し得ざる事情あることを察知し得たのであります。

即ち此の「カンチヤズ」事件は支那事変勃発に先だつこと一ケ月でありまして真に良き威力偵察であると思ふのでありります。我々の心持を言へば黒龍江事件は絶対且全員一致の不拡大主義であり又盧溝橋事件、廊坊事件、広安

> 門事件等は某程度の不拡大主義でありまして先づ甚しく深入りせん方法に於て支那に一撃を与へ膺懲する事を心組で居つたのでありまして、此の心の余裕は「カンチヤズ」事件の結果莫斯科の腰の弱さを知つたと言ふ気安さもあつたからであります。(19)

また、今岡豊（事件当時、参謀本部作戦課、大尉）(20)も、乾岔子島事件と支那事変の関係を次のように指摘している。

> その後間もなく発生した蘆溝橋（ママ）事件、続いて郎坊（ママ）事件、広安門事件に対処するに、対支一撃を与えてこれを膺懲しようとの心の余裕を持つことが出来たのは、この事件処理による対ソ判断が大きく影響しているように思われる。(21)

彼らが指摘するところは、関東軍が乾岔子島事件で図らずも武力処理に成功したことを受けて、日本の参謀本部はソ連には対日戦の準備も意志も整っていないと判断し、それが支那事変での強気の膺懲姿勢に影響を与えたということである。

そして、同様の分析は当時の関東軍内でも行われていた。関東軍司令部は、一九三七年七月二十四日調製の情勢判断において、国際情勢を鑑みて「ソ聯ハ西班牙〔スペイン〕方面ノ情勢就中〔なかんずく〕国内事情ヨリ当分ノ間我ニ対シ攻勢ニ出ツルコトナカルヘク乾岔子島事件ヲ始メ国境紛争ノ諸先例等之ヲ証セリ」(22)（〔　〕：引用者）と分析し、これを理由の一つとして、次のような判断を下している。

> 判決

一、現下内外ノ事態特ニ西欧ノ情勢ソ聯邦ノ動向就中国内世論ノ趨勢ハ帝国ノ為対支積極的経略ヲ進ムヘキ天与ノ好機タルヲ示セリ

故ニ此際断乎対支就中北支問題処理ニ関スル根本的解決ヲ図リ以テ満洲国々礎ヲ強化スルト共ニ将来ニ於ケル対蘇問題解決ノ根基ヲ確立スルヲ要ス(23)（以下、略。傍線：引用者）

乾岔子島事件でのソ連の譲歩的対日態度が、その後の日本軍の対支強硬姿勢に影響を与えたことを、強く示唆する内容である。乾岔子島事件での「ソ連沈黙」の教訓は、日本が支那事変という泥沼の戦いへと進んでいく一つの重要な要因となった。

（二）外交から軍事へ

満洲国の建国以来、満ソ国境紛争は頻発していたが、一九三五年六月の楊木林子事件を契機に、日ソ両国は日満ソによる国境紛争のための委員会設置交渉を本格的に始動させた(24)。

ソ連は一九三三年一月に、一度日本に提起しながらも具体的進展をみずにいた、国境紛争を予防するための委員会の設置について再度検討し、一九三五年七月五日及び十日にコンスタンチン・ユレニョフ（К. К. Юренёв）駐日大使から廣田弘毅外務大臣に対して、ソ連は日本・満洲国・ソ連の三カ国によって構成される国境紛争処理委員会の設置交渉を開始してもよいとの提案を改めて行った。さらに八月十七日にはユレニョフ大使が委員会の設置目的、委員の権利と義務、対象とする国境紛争の範囲など、ソ連政府の協定案を日本に提示し、日本政府からの回答を求めた(25)。

日本外務省はソ連からの提案に回答する前に、満洲国と関東軍に意見聴取することにした。西晴彦欧亜局第一課長が九月から十月にかけて新京を訪れ関東軍代表と会見したところ、関東軍側から国境委員会の成立は、ソ連が帝国主義日本の野望を遮断したという宣伝材料をソ連に与えることになるため、国境紛争については国境の画定による対処をするべき旨の否定的意見を受け取った。外務省は関東軍の意見を受けて、ソ連側に回答を行わなかった。[26]

その後、一九三六年一月に金廠溝事件、三月に長嶺子事件と中規模紛争が相次いで発生したことで日ソは国境委員会問題で一時的に歩み寄ったが、やはり関東軍は国境問題の外交的解決には反対であった。たとえば同年四月一日、関東軍の西尾寿造(としぞう)参謀次長（中将）は、国境紛争は日本側の兵備が手薄であるが故に起こるのであって、兵備を増強すれば自然に解消するという考えを述べた。また同年四月三十日から五月十三日にかけて、全国軍・師団参謀長会議（五月五日・六日開催）への出席のため、東京に出張していた関東軍の板垣征四郎参謀長（中将）も、寺内寿一(ひさいち)陸軍大臣との会見で、国境紛争の根絶には兵力の増強が必須であるとの見方を示した。そして両者は、在満兵備充実の方針について、意見の一致をみるに至った。このように日本が満ソ国境問題で外交的に歩み寄る姿勢をみせながらも、関東軍の反対によって一向に交渉が進展しない状況に、ソ連は次第に不信感を募らせるようになっていた。[27]

そうした中、一九三六年十月二十二日にボリス・ストモニャコフ外務人民委員代理からユレニョフ大使に対して、今後の対日交渉に関わる重要な方針が示達され、有田八郎外務大臣に伝えられた。その趣旨は、ソ連は満洲国を独立国として承認できないため、紛争委員会においてソ連を一方として、もう一方を日・満が一体として参加しなければならないという内容であった。[28] これは、本論でみた水路協定締結による「政治的事実上の承認」の撤回ともいえ、ソ連はこの頃までには満洲国との外交関係の縮小に舵を切っていたといえる。

以降、日ソは委員会の構成について特に揉めはじめた。日本は従来どおり日・満・ソの「三カ国」が対等な立場で委員会を構成することを求めたが、ソ連は日・満で一方として参加することを求めた。このように意見が対立する中で、一九三六年十一月二十五日に日本はドイツとの日独防共協定を締結し、即日これを公表した。これによりソ連は一層不信感を強め、日ソ間交渉は停滞した。

再びこの交渉が議題になったのは、一九三七年四月十五日にソ連側がユレニョフ大使を通じて、佐藤尚武外務大臣に交渉再開の用意があることを伝達した時である。しかしながら、五月十五日にユレニョフ大使が交渉再開の条件を佐藤外務大臣に伝えた際に、ソ連が委員会の構成について自説を譲っていないことが明らかになった[29]。日ソ間の溝が埋まらない中、六月十九日に乾岔子島事件が勃発した。これにより、満ソ国境問題に関する日ソ間交渉の不成立は決定的となった[30]。

乾岔子島事件の解決の見通しがついた一九三七年七月の初週末（七月三日（土）または四日（日））、近衛文麿首相は静養の後を追っていた記者団に対して、「今回の国境事件も漸く解決したにはしたが今度は此れ位で納まるとしても対蘇国交調整はなかなか難かしいだらう。このまゝの状勢では将来或る時期に於て結局国境の画定をしなければなるまい。そうでなければ満蘇間の国境紛争は絶えないだらう云々[31]」（傍線：引用者）と語った。これは当時の日本政府も、国境画定こそが満ソ国境問題の根本的な解決策だと理解していたことを示す発言である。

日ソ交渉は一時中断しながらも、一九三八年の張鼓峰事件後に日本とソ連は再び国境画定委員会設置に関する議論を行った。しかし、交渉中にも満ソ国境付近で越境、射撃などの衝突が後を絶たず、一九三九年に至っても何ら進展はみられなかった[32]。

このように満ソ国境問題について、外交交渉で有意義な成果を達成できなかったことにより、一九三〇年代の満ソ国境問題は、実際上満洲国の防衛任務を担っていた関東軍に委ねられる部分が大きかった。しかし、乾岔子島事件の前と後では、関東軍と中央の関係は大きく変化していた。

関東軍は国境紛争の武力処理に自信を深めた一方で、乾岔子島事件の処理過程では攻撃中止の臨命をめぐって、参謀本部に煮え湯を飲まされたと考えていた。これにより関東軍は、中央の干渉を避け関東軍独自の判断で紛争処理を実施すべきとの考えに至り、乾岔子島事件以降、必要な情報を中央に適時報告しなくなるなど、両者の間に疎隔が生じていた[33]。

こうして満ソ国境問題の処理は、武力処理の自信に漲る現地軍次第となり、中央が制御しきれない事態へと発展していった。もはや将来の大規模な対ソ戦の発生は、時間の問題になっていた。

日本海軍軍令部第六課が残した乾岔子島事件の教訓の中には、左記のとおり将来の大規模な日ソ戦は、現地の局面に引きずられる形で勃発するということを予期した一文がある。

> 今回ノ事件ハ双方中央部ニ於テ不拡大ノ意図ヲ堅持シ且我方現地指揮官亦克ク之ヲ徹底セシメタル為大ナル発展ヲ見ズシテ拾収シ得タルモ<u>若シ現地ニ於テ彼我何レカ一方ニ於テ相当ノ戦意（戦意ト迄行カズトモ戦争ニ対スル自信）アル場合ハ事件ハ現地ノ局面ニ引摺ラレ思ハズ発展シテ遂ニ抜クベカラザル戦争ニ陥ルノ算多カルベク将来日蘇戦フコトアリトスレバ概ネ斯ノ如キ形ヲ執ルコト多キモノト察セラル</u>、従ツテ開戦時ノ兵力展開ニ於テ遅レヲ取ラザル様平時ヨリ充分ノ準備ヲ必要トス[34]（傍線：引用者）

この教訓に指摘された内容は、翌年の張鼓峰事件（朝鮮軍第十九師団の独断）でその一端を表し、二年後のノモンハン事件でついに現実のものになった。乾岔子島事件は、その後の日ソ紛争に多大なる影響を与えており、日本軍にとっては、ノモンハン事件の起点ともいうべき国境紛争であった。

註

(1)『外交時報』(第八三巻第二号、一九三七年)二〇九頁。

(2)圓地與四松『世界の変貌』(人文書院、一九三八年)一〇四頁。

(3)中村敏『満ソ国境紛争史』(改造社、一九三九年)二三八頁。

(4)『「カンチャーツ」事件関係綴』(大和ミュージアム〈呉市海事歴史科学館〉所蔵、SC124)。同綴の「一二・関係電報令達―(十七)関東軍電」に収録されている「昭和一二・七・二・関東軍参謀長発次長宛　極秘関電第七十六号」を参照。

(5)『イズベスチヤ』には日付の他に通し番号が付されているが、一九三七年六月三十日がNo. 152 (6314)で、七月二日がNo. 153 (6315)と連番になっている。このため、七月一日は同紙が発行されなかったことがわかる。

(6)**Правда No. 179, 1 июля 1937.**(筆者試訳)

(7)「島田文書」(101・乾岔子事件記事)(東京大学社会科学研究所図書室所蔵)(以下、「島田文書101」)通し番号九八・九九(以下、史料左上に記載の番号を通し番号として漢数字で表記)。

(8)六月二十六日の「関東軍発表」については、『東京朝日新聞』(一九三七年六月二十七日、朝刊)ほか同盟通信社「乾岔子事件」(『同盟旬報』第一巻第一号、一九三七年)一六頁でも確認できる。「外務当局談」については、外務省情報文化局『外務省公表集　第十六輯』(外務省、一九三八年、国立国会図書館所蔵、書誌ID:000000868849)八八頁、九〇―九一頁ほか、同盟通信社「乾岔子事件」一七頁でも確認できる。

(9)軍政部軍事調査部編『鉄心』(〈満州国〉治安部参謀司、一九三七年二月号、国立国会図書館所蔵、書誌ID:000000086439)二二八頁。

(10)坂下健一「東條の一声でぶちこまれる」(『新聞通信調査会報』一九七四年六月〈第一三八〉号)九頁。

(11)同右。

(12)同盟通信社「乾岔子事件」一七頁。

(13)同右。

(14)猪熊謙吾「乾岔子事件と報道放送」(『放送』第七巻第六号、一九三七年、国立国会図書館所蔵、書誌ID:000004237928)四七頁。

　同盟通信社「乾岔子事件」一七頁では、新京発、六月三十日付の報道として、ソ連砲艇撃沈に関する「関東軍発表」を報じていることが確認できる。

(15) 猪熊「乾岔子事件と報道放送」四七頁。

　なお、新田潤「乾岔子島」(『人民文庫』第二巻第九号、一九三七年、昭和館所蔵)九四—九五頁では、六月三十日の午後十時三十分には臨時ニュースとして「外務当局談」による乾岔子島事件のニュースが伝えられたことが確認できる。

(16) 同盟通信社「乾岔子事件」一七頁。

(17) 茂森唯士「乾岔子島事件とその背景」(『糧友』第十二巻第九号、一九三七年、国立国会図書館所蔵、書誌ID: 000000024162)六〇頁。

(18) 小林龍夫・稲葉正夫・島田俊彦・臼井勝美解説『現代史資料(12) 日中戦争4』(みすず書房、一九六五年)五一〇頁。

(19) 同右、五〇〇頁。

(20) 外山操編『陸海軍将官人事総覧(陸軍篇)』(芙蓉書房、一九八一年)四七五頁。秦郁彦『日本陸海軍総合辞典　第二版』(東京大学出版会、二〇〇五年)二二頁。

　その他、今岡豊の当時の所属と階級については、今岡豊『石原莞爾の悲劇』(芙蓉書房、一九八一年)の奥付にある「著者略歴」も参照した。

(21) 今岡『石原莞爾の悲劇』二〇三—二〇四頁。

(22) 臼井勝美「史料解題　昭和十二年『関東軍』の対中国政策について」(『外交史料館報』第十一号、一九九七年)七七頁。同資料の所在は、宮杉浩泰「昭和戦前期日本軍の対ソ情報活動」(『軍事史学』第四十九巻第一号、二〇一三年)一〇四頁註(46)を参照した。

(23) 臼井「史料解題　昭和十二年『関東軍』の対中国政策について」七七頁。

(24) 松本和久「初期満ソ国境紛争の発生と展開(1935-1937)——国境委員会設置交渉から武力処理思想へ——」(『境界研究』No.8、二〇一八年)四一—四二頁。

(25) 同右、四二頁。外務省欧亜局第一課編『日「ソ」交渉史』(巌南堂書店、一九四二年)三三一—三三二頁。なお、コンスタンチン・ユレニョフは、日本ではコンスタンチン・ユレーネフと表記されることもあるが同一人物である。

(26) 松本「初期満ソ国境紛争の発生と展開(1935-1937)」四二頁。外務省欧亜局第一課『日「ソ」交渉史』三三二頁。『満洲日日新聞』（一九三五年十月五日、朝刊）。

（27）松本「初期満ソ国境紛争の発生と展開（1935-1937）」四五―四七頁。『満洲日日新聞』（一九三六年四月三日、夕刊）、（一九三六年五月六日、夕刊）、（一九三六年五月十二日、夕刊）、（一九三六年五月二十日、夕刊）。

なお、『満洲日日新聞』（一九三六年五月六日、夕刊）、（一九三六年五月二十日、夕刊）によると、板垣参謀長は主に東京で要務を終えたが、その後大阪にも寄り、商工会議所をはじめ関西財界の有力者との会見を行い、一九三六年五月十三日の夜に大阪を出発し、十五日に新京に帰任した。

（28）松本「初期満ソ国境紛争の発生と展開（1935-1937）」四七―四八頁。Министерство иностранных дел СССР. Документы внешней политики СССР. Т. 19. Москва, 1974. С. 510.

（29）松本「初期満ソ国境紛争の発生と展開（1935-1937）」四八―四九頁。外務省欧亜局第一課『日「ソ」交渉史』三八三―三八五頁。Министерство иностранных дел СССР. Документы внешней политики СССР. Т. 20. Москва, 1976. С. 243.

（30）松本「初期満ソ国境紛争の発生と展開（1935-1937）」三三頁。

（31）關島榮「満蘇国境条約考」（『国際知識及評論』第十七巻第八号、一九三七年）七〇頁。

（32）日蘇通信社編『蘇聯邦年鑑　一九三九年版』（日蘇通信社、一九三九年）（日満支ソ関係の部）四七―四八頁。

（33）今岡『石原莞爾の悲劇』二〇四頁。

（34）「島田文書101」九九・一〇〇。

謝　辞

本書を書き上げるにあたり、たくさんの方にご指導とご支援をいただいた。

日本大学国際関係学部長の渡邊武一郎先生は、現在私が最もお世話になっている先生である。研究はもとより、大学の職務を通じて学内外で様々な経験を積むことができているのは、渡邊先生のお陰である。乾岔子島事件というニッチなテーマにもご理解をいただき、充実した施設と自由な環境の中で研究に取り組ませていただけたことは、本書を完成させる上で何よりも重要な土台となった。渡邊先生には心より感謝申し上げる。

日本大学大学院国際関係研究科の吉本隆昭先生は、私が大学院博士前期課程の時に指導教授を務めてくださった恩師である。吉本先生との出会いが私の研究活動のスタートになった。元陸上自衛官の吉本先生には、軍事史研究に必要な「歴史学」と「軍事学」の二つの学問を熱心に指導していただいた。本書でも旧軍の難解な一次史料を活用できたのは、吉本先生の薫陶の賜物である。厳しくも温かくご指導くださった吉本先生に厚く御礼申し上げる。

日本大学国際関係学部の淺川道夫先生には、軍事史学会での活動を中心として、研究の幅を広げられるように導いていただいた。私が学会内で人脈と活動を広げることができたのは、淺川先生のお力添えがあったからこそである。

浅川先生は私が大学院生時代から励まし続けてくださり、現在もご指導をいただいている。これまでのご指導に深く感謝申し上げる。

そして、お世話になっている日本大学国際関係学部の先生方と、職員の皆様の日ごろからのご指導とご支援にも心より感謝を申し上げたい。

本書に掲載した「髙野中隊の戦闘経過概要図（6月30日）」（図36）の解読には、防衛省防衛研究所調査員の横山久幸先生にご協力いただいた。同図には一般的な軍隊符号の理解では解読し難い部分があった。横山先生にご相談申し上げたところ、お忙しい中時間をかけて調査してくださり、解読する上で重要なご助言をいただくことができた。図36を基に図37を完成させることができたのは横山先生のお陰である。横山先生には記して御礼申し上げる。なお、本書の内容については、その全責任を筆者が負うところである。

株式会社加藤馨経営研究所には、貴重な回顧録のコピーを提供していただき、本書での紹介も快く許可していただいた。乾岔子島事件を立体的に理解する上で、資料をご提供いただけたことは大変に有意義であった。ご協力に御礼申し上げる。

元日本大学法学部教授の故・喜多義人先生とご遺族にも感謝を申し上げたい。生前、喜多先生には軍事史学会でご指導をいただいていた。学会の懇親会などでは、若輩者の私に気さくに声をかけてくださり、貴重なご助言をいただいた。お酒の席をご一緒させていただいたことは、喜多先生との楽しい思い出である。現職に着任が決まったことをご報告させていただこうと思いながらも、お目にかかる機会を得ることがないまま、喜多先生は令和二年九月にご逝去された。

喜多先生に直接ご報告できなかったことを悔やんでいたところ、ご遺族から先生が生前収集されていた研究資料の一部譲渡についてお話をいただき、稀覯本や貴重な資料を複数譲っていただいた。間接的ではあるが、本書の執筆にあたり、これらの資料を一部活用、参照させていただいた。喜多先生のご冥福をお祈りするとともに、深甚なる感謝を申し上げる。

これまでの研究及び本書執筆にあたっては、他にも多くの先生方にご指導をいただいた。紙幅の関係ですべての方に感謝を申し上げることができないことをお許し願いたい。

これまでご指導いただいた先生方のお名前を掲げ、厚く御礼申し上げる。

麻田雅文、荒川憲一、稲葉千晴、堅尾和夫、河合利修、河西陽平、葛原和三、齋藤達志、竹本知行、寺山恭輔、戸部良一、秦郁彦、花田智之、宮杉浩泰（敬称略・五十音順）

あとがき

前著『日ソ張鼓峯事件史』（二〇一五年、錦正社）が刊行された直後の二〇一五年八月、私は既に決まっていたロシアの大学院への留学のため、妻と当時生後半年だった長女を連れて一家でロシアに渡航した。

渡航前は、初めての著書に対する世間の反応を十分に聴くことができないまま海を渡ることについて、少々残念に思っていたが、ロシアでの大学院生活が始まると、そんなことを思っている余裕は一切なくなった。

現地では何もかもすべて自分と妻で行わなくてはならなかったため、普通の生活さえままならない時が何度もあった。授業も当然すべてロシア語で行われるため難解であった。それでも、しばらくすると生活にも授業にもリズムが生まれ、何とか過ごすことができるようになっていた。

授業に慣れてきたある日、空き時間にふと日本に帰国した後に取り組むべき研究テーマについて思いを馳せたことがあった。その時に何の思慮もなく、落書きのようにノートの端に書いた言葉が「日ソ乾岔子島事件史」だった。これはもちろん、前著『日ソ張鼓峯事件史』の乾岔子島事件版であり、何の工夫もない言葉であった。しかし、この時から、いつか乾岔子島事件の研究に取り組みたいと思うようになった。こうして「〝日ソ〟乾岔子島事件史」構想が誕生した。

その後、ロシアにいる間に研究の合間を縫って、乾岔子島事件の史料について調査をはじめたが、張鼓峰事件やノモンハン事件の新史料を発見できた一方で、乾岔子島事件については全く一次史料を発見することができなかった。

二〇一八年七月、ロシアの大学院を修了し日本に帰国した。そして、二〇二〇年四月に現職への着任の機会をいただいた。当初、着任後はロシアでの本格的な史料調査を行おうと考えていたが、この年の二月から新型コロナウイルスの感染が拡大していき、海外渡航はおろか県境を跨ぐことすら自粛が求められる事態になった。コロナ禍の初年度であった二〇二〇年度は、国内の図書館や公文書館ですら閉鎖または著しい利用制限がかかり、ほとんど乾岔子島事件の研究を進めることはできなかった。

二〇二一年度は、依然として海外渡航は難しかったが、国内の図書館や公文書館が徐々に利用できるようになっていた。そこで、私はまず『日ソ張鼓峯事件史』の時と同じように、乾岔子島事件の日本の定説的戦史の不明点をソ連の史料で明らかにする手法を念頭に作業に取り掛かった。しかし、すぐに大きな壁にぶつかった。乾岔子島事件には、張鼓峰事件のような検証や反証するべき通史的先行研究がなかったのである。

張鼓峰事件の時には、アルヴィン・D・クックス『もう一つのノモンハン　張鼓峯事件——1938年の日ソ紛争の考察——』（原書房、一九九八年）という偉大な先行研究に胸を借りたが、乾岔子島事件には同様の位置付けの先行研究が存在しなかった（乾岔子島事件に関する優れた研究論文はいくつかあったが、紛争史としての総論的な研究はなかった）。

そこで、私は日本の史料、文献、先行研究から、乾岔子島事件の全体像について研究することにした。日本の史料を中心に研究を進めながら、新型コロナウイルスの収束を待って、ロシアの公文書館にアクセスすることにした。

しかし、二〇二二年二月、今度はロシアによるウクライナ侵攻が始まった。すぐに外務省の渡航情報はレベル3

（渡航中止勧告）に引き上げられ、ロシアでの史料調査ができなくなってしまった。

ただ、乾岔子島事件は先行研究が少なかったこともあり、日本の史料・文献を使用するだけでも戦史や外交史などのテーマに分けて、六本の論文を発表することができた。既に研究成果は本一冊分の分量に達していた一方で、ウクライナ情勢は依然として先が見通せず、ロシアへの渡航再開の兆しも全くみえない状況が続いていた。そこで、当初の「〝日ソ〟乾岔子島事件史」ではなく、日本の「乾岔子島事件史」として、発表済の論文を組み直し加筆修正を加えて一冊にまとめることにした。それが本書である。

したがって、本書にはソ連側の史料が不足しているという弱点がある。感染症と戦争に阻まれたとはいえ、ソ連の史料が不足したまま本書を世に送り出すことについては、日ソ紛争史研究に携わる者として読者の皆様に謝罪しなければならない。

しかしながら、ソ連の史料ばかりに価値を置いて紛争史を扱うのではなく、足元の日本の史料・文献を丁寧に検証して活用することもまた重要な作業だと考える。それはかつてクックス氏が日本の史料を駆使して張鼓峰事件、ノモンハン事件を研究し、日本の対ソ紛争史の基礎を築いてくださったことからも明らかであろう。

むろん、本書はクックス氏の大著の足元にも及ばないが、これまで乾岔子島事件に通史的な先行研究がなかったことを考えると、日本側の史料に依拠している本書も、現代史研究に僅かながらの貢献ができるのではないかと思っている。

将来、ソ連側史料の調査と活用が可能になった時に、本書が乾岔子島事件の基礎研究として、読者諸賢の踏み台になれるのであれば、著者として望外の喜びである。建設的なご批判は甘んじて受ける所存である。

そんな想いを込めた本書の出版にあたっては、錦正社の中藤正道氏と本間潤一郎氏に大変お世話になった。本書の企画段階から完成まで、細やかで丁寧なサポートをしていただいた。

最後になるが、未開拓の紛争史を一次史料からまとめ上げる作業は、決して簡単なものではなかった。それでも好奇心と使命感を失うことなく執筆作業を貫徹できたのは、家族の支えがあったからこそである。

両親と祖父母には心配ばかりかけてきたが、本書を世に発表できることは、一つの恩返しになるであろう。これまでの支援に感謝申し上げる。

そして妻と二人の娘たちには最大の感謝を表したい。特に執筆の最終段階では妻に家のことを任せきりにしてしまい、大変な思いをさせてしまった。子供たちにもずいぶんと寂しい思いをさせてしまった。それでも、いつも私を支え応援してくれた妻と娘たちに心から感謝し、本書の完成を報告したい。

二〇二五年一月末日　静岡県三島市の研究室にて

笠原孝太

た　行

な　行

は　行

ま　行

や　行

ら　行

や 行

ら 行

地名索引

あ 行

か 行

さ 行

た　行

な　行

は　行

ま　行

事項索引

あ行

か行

さ行

さ　行

た　行

な　行

は　行

ま　行

や　行

ら　行

索　引

同一項目が2つ以上ある場合は、2番目以降の項目名を、1字下げて——で示している場合がある。

数字が含まれている場合は、五十音にこだわらず数字順にしてある。

→は、矢印の右側の項目を見よの意である。

中国の地名・人名等については、原則として日本語読みとし、少数民族が住む地域の地名や中国語以外の原語を語源とする地名の場合や北京(ペキン)・哈爾浜(ハルビン)など原音読みが定着しているものは，原音読みとした。

人名索引は、姓＋階級、姓＋役職名などの場合も、姓＋名の項目で代表させてある。

読み方が不明な人名については、筆者の判断で一般的な読み方の項目に分類した。

人名索引

あ　行

か　行

著者略歴

笠原　孝太（かさはら　こうた）

日本大学国際関係学部　助教

1986 年　静岡県生まれ。
2015 年 3 月　日本大学大学院国際関係研究科博士前期課程修了。修士（国際学）。
　　　 8 月　阿南・高橋学術奨励賞（軍事史学会）受賞。
2018 年 7 月　サンクトペテルブルク国立大学大学院東洋学部（アジア・アフリカ民族史）博士候補養成課程修了。
2020 年 4 月より現職。
2021 年 6 月　Кандидат исторических наук (Candidate of Historical Sciences) 取得。

主要研究業績：

- 単著『日ソ張鼓峯事件史』（錦正社、2015 年）
- 共著『ソ連と東アジアの国際政治　1919-1941』（麻田雅文編）（みすず書房、2017 年）
- 共著『スターリンの極東政策：公文書資料による東北アジア史再考』（寺山恭輔編）（古今書院、2020 年）。

乾岔子島事件史（カンチャーズとうじけんし）

――一九三七年の日ソ紛争――

令和七年二月二十日　印刷
令和七年三月十三日　発行

※定価はカバー等に表示してあります。

著　者　笠原　孝太
発行者　中藤　正道
発行所　㈱錦正社
〒一六二―〇〇四一
東京都新宿区早稲田鶴巻町五四四―六
電　話　〇三（五二六一）二八九一
ＦＡＸ　〇三（五二六一）二八九二
ＵＲＬ　https://kinseisha.jp/
印　刷　㈱平河工業社
製　本　㈱ブロケード

ISBN978-4-7646-0357-8

関連書

〔新装版〕大本営陸軍部戦争指導班 **機密戦争日誌**（全二巻）
防衛研究所図書館所蔵
軍事史学会編
定価：本体二〇、〇〇〇円

大本営陸軍部作戦部長 **宮崎周一中将日誌**
防衛研究所図書館所蔵
軍事史学会編
定価：本体一五、〇〇〇円

元帥畑俊六回顧録
防衛研究所図書館所蔵
軍事史学会編　伊藤隆・原剛監修
定価：本体八、五〇〇円

海軍大将 **嶋田繁太郎備忘録・日記 I**
――備忘録 第一～第五――
軍事史学会編
黒沢文貴・相澤淳 監修
定価：本体九、五〇〇円

海軍大将 **嶋田繁太郎備忘録・日記 III**
――日記 昭和十五年、昭和十六年、昭和二十一・二十二年、昭和二十二・二十三年――
軍事史学会編
黒沢文貴・相澤淳 監修
定価：本体九、五〇〇円

呉海軍工廠の形成
千田 武志著
定価：本体一〇、〇〇〇円

明治期国土防衛史
原 剛著
定価：本体九、五〇〇円

元寇役の回顧――紀念碑建設史料――
太田 弘毅編著
定価：本体六、八〇〇円

関連書

ケネディとベトナム戦争―反乱鎮圧戦略の挫折―
松岡　完著
定価：本体六、八〇〇円

日本軍の精神教育―軍紀風紀の維持対策の発展―
熊谷　光久著
定価：本体三、八〇〇円

中国海軍と近代日中関係
馮　青著
定価：本体三、四〇〇円

日本の軍事革命
久保田　正志著
定価：本体三、四〇〇円

お台場―品川台場の設計・構造・機能―
淺川　道夫著
定価：本体二、八〇〇円

江戸湾海防史
淺川　道夫著
定価：本体二、八〇〇円

明治維新と陸軍創設
淺川　道夫著
定価：本体三、四〇〇円

第一次上海事変の研究―軍事的勝利から外交破綻の序曲へ―
影山　好一郎著
定価：本体九、五〇〇円

英米世界秩序と東アジアにおける日本―中国をめぐる協調と相克　一九〇六～一九三六―
宮田　昌明著
定価：本体九、八〇〇円

関連書

日ソ張鼓峯事件史
笠原　孝太著
定価：本体三、〇〇〇円

「大東亜共栄圏」の形成過程とその構造
――陸軍の占領地軍政と軍事作戦の葛藤――
野村　佳正著
定価：本体四、二〇〇円

砲・工兵の日露戦争
――戦訓と制度改革にみる白兵主義と火力主義の相克――
小数賀　良二著
定価：本体四、二〇〇円

民防空政策における国民保護――防空から防災へ――
大井　昌靖著
定価：本体四、八〇〇円

陸軍航空の形成――軍事組織と新技術の受容――
松原　治吉郎著
定価：本体五、四〇〇円

第一次世界大戦と民間人
――「武器を持たない兵士」の出現と戦後社会への影響――
鍋谷　郁太郎編
定価：本体四、五〇〇円

日本海軍と東アジア国際政治
――中国をめぐる対英米政策と戦略――
小磯　隆広著
定価：本体四、二〇〇円